新电商精英系列教程

电商数据分析
与数据化营销

阿里巴巴商学院　编著

电子工业出版社·
Publishing House of Electronics Industry
北京·BEIJING

内 容 简 介

"电商精英系列教程"自从 2011 年问世以来，随着电子商务大潮在国内的兴起，成为全国范围内颇具影响力的电子商务系列教程，是几代电商人和院校学员学习的"绿色记忆"。2016 年，电子工业出版社推出丛书升级版本"新电商精英系列教程"。这两套丛书累计销售 100 多万册，并且两次荣获电子工业出版社最佳品牌奖。

2019 年，"新电商精英系列教程"升级版问世！本套书均配有 PPT 课件，由阿里巴巴商学院召集多位优秀电商讲师和电商领域的专家学者编写，吸取了旧版丛书的经验，对于主流电子商务知识进行了更加细致、合理的规划设计，更符合新时期读者的知识需求。除升级原有的《网店客服》《网店美工》《网店推广》《数据化营销》《电商运营》五本书外，还新增了《内容营销：图文、短视频与直播运营》《跨境电商运营实务：跨境营销、物流与多平台实践》两本书。

《电商数据分析与数据化营销》主要介绍了在主流电子商务环境下网店营销推广的知识。本书涵盖了数据化营销的概念和价值、市场数据分析、市场竞争数据分析、市场人群数据分析等内容。

本书可作为各类院校电子商务专业及相关专业的教材，也可作为网络创业者和电子商务从业人员的参考用书。

图书在版编目（CIP）数据

电商数据分析与数据化营销 / 阿里巴巴商学院编著.—北京：电子工业出版社，2019.9
新电商精英系列教程

ISBN 978-7-121-36613-0

Ⅰ．①电... Ⅱ．①阿... Ⅲ．①电子商务－数据处理－教材 ②网络营销－数据处理－教材
Ⅳ．①F713.36

中国版本图书馆 CIP 数据核字（2019）第 098640 号

责任编辑：张彦红　　　　　　　　特约编辑：田学清
印　　刷：北京捷迅佳彩印刷有限公司
装　　订：北京捷迅佳彩印刷有限公司
出版发行：电子工业出版社
　　　　　北京市海淀区万寿路 173 信箱　　　　邮编：100036
开　　本：787×980　　1/16　　印张：14　　　字数：271 千字
版　　次：2019 年 9 月第 1 版
印　　次：2024 年 8 月第 13 次印刷
定　　价：79.00 元

凡所购买电子工业出版社图书有缺损问题，请向购买书店调换。若书店售缺，请与本社发行部联系，联系及邮购电话：（010）88254888，88258888。

质量投诉请发邮件至 zlts@phei.com.cn，盗版侵权举报请发邮件到 dbqq@phei.com.cn。
本书咨询联系方式：010-51260888-819，faq@phei.com.cn。

"新电商精英系列教程"编写委员会

组织单位：阿里巴巴商学院

主　　任：章剑林　阿里巴巴商学院　执行院长、教授

副 主 任：范志刚　阿里巴巴商学院　博士、副教授

委　　员：刘　闯　阿里巴巴商学院　博士、副教授

沈千里　阿里巴巴商学院　博士、讲师

项杨雪　阿里巴巴商学院　博士、讲师

潘洪刚　阿里巴巴商学院　博士、讲师

赵子溢　阿里巴巴商学院　博士、讲师

章仲乐　阿里巴巴商学院　实验师

企业专家组成员：

陈林、李文渊、王鹏、辛嘉波、许途量、徐云、俞琦斌、叶正课

序

    电子商务是一个充满魅力、不断演化扩张的新世界。随着消费者购买力的增强、社交媒体用户的激增、信息基础设施和技术的不断进步，过去 20 余年中国电子商务经历了从"工具"（点）、"渠道"（线）、"基础设施"（面）到"电商经济体"不断扩展和深化的发展阶段，并取得了举世瞩目的成就。根据商务部的数据，2018 年全国网上零售额突破 9 万亿元，对社会消费品零售总额增长的贡献率达到 45.2%，直接或间接带动就业超过 4000 万人，毋庸置疑，电子商务已成为中国经济社会转型发展的重要行业。

    以互联网技术为核心的电子商务是一个发展迅速、创新层出不穷的行业。新技术变革、新模式涌现、新市场创造带来了巨大的商业机会和无穷的想象空间。从技术的角度来看，大数据、云计算、人工智能、虚拟现实等技术的快速发展，为电子商务创造了丰富的应用场景；而新技术的应用催生营销模式不断创新，从而驱动新一轮电子商务产业创新。以创新 O2O、新零售为典型的新商业模式应运而生，数据驱动、网络协同、客户体验等成为电子商务 2.0 时代的核心要素，智能商业时代俨然已经开启。从区域的角度来看，各大电商争夺的"主战场"已悄然从一二线城市延伸到三四线城市，从国内市场逐渐向东南亚、非洲、中东等新兴电商市场转移，县域电商、跨境电商成为新的风口。诚然，这些新变化发生的同时，对覆盖全球经济的电商生态体系各类参与方也提出了更高的要求。

    其中，最为突出的是电商人才如何支撑匹配行业发展的问题，这个问题已经成为各地发展电子商务的瓶颈。从需求端来看，电商行业发展相对落后地区的电商转型都面临着电子商务人才严重匮乏的窘境。在校电子商务专业的学生虽然掌握了一定的电子商务理论知识，但在实际操作和应用层面并无足够的解决问题的实际能力。而从业人员在实践当中积累的知识往往过于零散化和片段化，缺乏系统性和前瞻性，限制了其能力的进一步提升。从供给端来看，国内现有电商相关专业学生及电商从业者的学习内容难以与时俱进，以工业时代理念、模式、机制和体制培养人才的一整套传统的教育体系，也越来越不能适应新经济时代下对人才的巨大且崭新的知识要求。

阿里巴巴商学院对创新创业型电子商务人才培养的探索与实践从未停止，教育部高等学校电子商务类专业教学指导委员会在过去的数年中更是开展了大量有意义的工作，在电商人才培养的总体目标、专业素质构成、培训体系设置、产教融合拓展等方面提出了诸多宝贵建议。本人作为教育部高等学校电子商务类专业教学指导委员会的一员，参与和见证了国内电子商务人才培养的改革与创新，深知要在互联网发展日新月异的情境下保持相应电子商务知识内容体系的先进性是一个非常艰巨的挑战。

多年来，阿里巴巴商学院为适应不断变化和升级的新经济时代需求，在创新型人才尤其是电子商务领域人才的教育、培训和教材建设方面做了大量卓有成效的工作，为行业和社会各界输送了成千上万的高素质电子商务人才。此次聚焦了数十位国内著名的实践派专家，面向数字经济时代发生的新变化、新需求，升级了"新电商精英系列教程"，这是对电子商务人才培育实践工作的有益探索。同时，本丛书也是杭州市重点哲社基地"电子商务与网络经济研究中心"的专题成果，亦能从理论层面为促进电子商务行业发展发挥积极的作用。

章剑林

阿里巴巴商学院执行院长

教育部高等学校电子商务类专业教学指导委员会副主任

2019 年 4 月于杭州

前　言

"电商精英系列教程"自从 2011 年问世以来，伴随电子商务大潮在国内的兴起，成为全国范围内颇具影响力的电子商务系列教程，是几代电商人和院校学员学习的"绿色记忆"。2016 年，电子工业出版社推出丛书升级版本："新电商精英系列教程"。这两套系列丛书，累计销售 100 多万册，并且两次荣获电子工业出版社最佳品牌奖。2019 年，"新电商精英系列教程"升级版问世！

实践总是超前于理论的发展，系统地学习时必须对来自实践的知识进行梳理与总结。阿里巴巴商学院发起此轮修订工作，召集多位活跃在电商一线的资深创业者、优秀卖家及电子商务领域的专家、学者共同参与编写。本丛书立足于"帮助打造一批能适应新技术和新模式快速涌现的电商实操性人才"，吸取了旧版丛书的经验，对主流电子商务知识进行了更加细致、合理的规划设计，更符合新时期读者的知识需求。除升级原有的《网店客服》《网店美工》《网店推广》《数据化营销》《电商运营》五本书外，还新增了《内容营销：图文、短视频与直播运营》《跨境电商运营实务：跨境营销、物流与多平台实践》两本书，各书均配有 PPT 课件。

本轮修订体现了以下几个新的特点。

第一，知识体系更契合前沿，更加符合移动互联网时代及全球化电商运营的现实场景，能为电商从业人员提供更系统化的基础知识。

第二，产教融合更加突出。丛书邀请在实操层面有丰富经验的电商企业家和创业者作为写作团队，同时邀请来自教育部高等学校电子商务类专业教学指导委员会的专家、高等院校的一线教师参与到图书内容的创作与完善当中，既保证了图书内容的切实指导性和可操作性，又保证了图书内容的逻辑性和条理性。

第三，学习使用更加便利。编写团队在创作初期便充分考虑如何让升级版教材既适合市场零售读者阅读，又能够更广泛地应用到高等院校中。因此，本套丛书根据对高校学生培养的特点做了相关设计，如在大部分章节安排有练习题，每本书都配有 PPT 课件等。

《电商数据分析与数据化营销》这本书依据数据基础，探寻不同的营销方式，全书共分为 9 章，具体内容如下。

第 1 章由丁菲编写，主要介绍了营销的基本概念和传统营销模式的局限性，指出了进入互联网时代后商家可以充分利用互联网和移动技术对用户进行有效的分析，并介绍了在电商领域通过细分市场实现差异竞争的成功案例。

第 2 章、第 3 章、第 4 章由段洪斌编写。第 2 章概述了在电商领域，商家需要参考行业的市场数据，从而了解市场的方向。第 3 章概述了商家通过对竞争对手进行数据分析，能够更好地制定店铺品牌的提升策略。第 4 章概述了店铺客群定位的核心价值，商家通过对人群数据进行分析，来优化自己店铺的产品与营销策略。

第 5 章、第 6 章由李韩力编写。第 5 章概述了商家通过产品规划，了解产品风格、竞争情况、受众人群等信息，从而可以精准产品定位。第 6 章概述了商家如何从多个维度对本店受众客户群体特征进行描述，进行店铺客户画像，从而能够指出自身店铺与其他店铺受众群体的区别，实现有针对性的营销。

第 7 章、第 8 章由徐豪编写。第 7 章阐述了营销规划的整体概念，以及商家如何将整体规划拆解为日常可落实、可执行的细节，来提升团队的整体效率和确定具体的工作方向。第 8 章主要介绍了商家如何进行日常的数据监控，以及如何根据日常的监控结果来制定具体、合理的营销策略，以有效应对市场的变化。

第 9 章由王鹏编写，概述了在新零售时代背景下营销手段的变化情况，以及商家如何通过对数据、消费者行为进行洞察，在推广渠道中尽可能实现低成本、高效率地触达消费者。

本书凝聚了诸多优秀电商商家的智慧与心血，编写工作得到了教育部高等学校电子商务类专业教学指导委员会的多位领导和专家的关心和支持，部分素材、数据参考了阿里巴巴商学院等机构及相关网站的信息，在此一并对相关人员表示感谢！

由于电商行业发展日新月异，编写组水平有限，书中难免有不当之处，敬请广大读者批评指正。

目　录

第 1 章

数据化营销的
概念和价值

1.1 什么是营销

打一个比方，有 4 个男孩同时喜欢 1 个女孩，A男孩认为追求女孩，只要殷勤就可以了，所以他每周给女孩送一束花，每天都给女孩打电话；B男孩认为，物质基础最重要，所以他每天开着豪车接送女孩，跟女孩介绍家里有几家公司、几套豪宅；C男孩工作非常努力，空余时间不是在锻炼身体，就是邀请女孩跟他一起做公益活动；D男孩只是偶尔跟女孩联系，但是他在社交平台上经常显示自己的工作成绩得到肯定、设计方案获奖等内容。

大家觉得哪个男孩更容易得到女孩的芳心呢？有关于营销的书籍会把这 4 种行为分别定义为：A是推销，B是促销，C是营销，D是品牌。你可能觉得C和D的模式似乎更高级、胜算更大，其实不然，在现实生活中，每一种模式都可以找到成功的案例，因为每个女孩都是不同的，甚至一个女孩在人生的不同阶段对感情的诉求也是不同的，男孩在适当的时间，以适当的方式出现，往往比刻意使用方法更重要。男孩要想更快地获取女孩的芳心，首先就要考虑她现在需要什么、在意什么，你做什么会让她怦然心动，这才是正确的方法，而有人认为这种方法就是真正意义上的营销。

2008 年美国营销协会对营销的定义为："营销是一种组织职能和一套流程，用来对顾客创造、沟通和交付价值，以及以有益于组织和利益相关者的方式管理顾客关系。"其中，"营销是一种组织职能和一套流程"这里强调的是如何决策，如何形成科学的决策；"用来对顾客创造、沟通和交付价值"这里强调的是能给顾客带来什么价值，如何让有效的内容可以触达顾客并让顾客认可；"以有益于组织和利益相关者的方式管理顾客关系"这里强调的是建立有益且持久的客户关系，也就是说，希望顾客能够认可产品和服务，能够再次为产品和服务付费，甚至积极主动地去宣传产品。

1.2 营销常见的三种模式

随着信息技术的发展，消费者的消费数据越来越容易被捕捉到，营销组织的决策也将更加科学、实施流程将更加准确、数据反馈将更加清晰，进入了数据化营销的新时代。从营销工作的切入点来说，可以分为后置营销、前置营销、全域营销三种模式。

1.后置营销

后置营销，往往是先有产品和店铺，再想怎么去营销，这类商家眼中的营销其实就等同于推销。

在企业中我们经常会听到领导层下达任务："我们的产品要上市啦，市场部要拿出你们的营销方案来。"

听起来没有错，但是也可能一开始就错了，企业的营销方案要什么时候做呢？其实要比产品来得更早才对，当今社会技术发展日新月异，各行业竞争都非常激烈，如果产品一上市，就是落后的，那么任何营销活动可能都无力回天了。当年是财富象征的寻呼机（见图 1-1）现在只能在收藏市场见到了，公司即使能够做出全世界最先进的寻呼机，可是现在既没有传呼台，也不被年轻人所接受，便没有什么意义了。

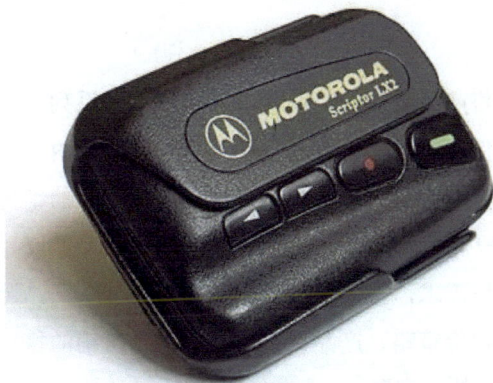

图 1-1　别在腰间的寻呼机曾是财富的象征

在卖方市场和流量红利期，这样的做法是比较常见的，从 2003 年淘宝网成立，到 2009年进入高速发展期，大量的消费者开始了网上购物，那时候推广手段很简单，推广工具也较为单一，商家增幅远远小于消费者的增幅，商家稍微做一些促销活动，如满减、包邮、搭配套餐或者花少量钱做直通车推广，就非常容易获取客户流量。这时候大部分商家其实没有所谓的营销思路也没有人群定位，处于有什么货卖什么货，只是利用流量红利期，大量吸引流量，实现销售量的增长。商家这时候对数据的分析更多聚焦在推广效果上，追求低成本引流。

图 1-2 所示为在淘宝大学 App 上，经常有学员咨询类似的问题，大家心里有一个朴素的概念，做淘宝、做电商就能赚钱，卖什么、怎么卖、优势在哪里？自己完全没有去考虑，凭着一腔热情就冲入电商行业中，到了实际操作的时候，才发现事情没有想象的那么简单，最终在激烈的竞争环境中，自己毫无优势可言。

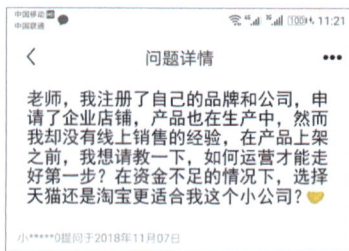

图 1-2　淘宝大学 App 上常见的咨询问题

2. 前置营销

前置营销，是指在开始销售产品之前，企业对产品进行的一系列的市场营销定位。它包括，产品竞争优势、产品定价、产品促销方式、产品目标客户等内容。在一款产品正式投产之前，企业首先需要思考自身产品有什么优势，如果进行产品的销售，还需要考虑定什么样的价格，以什么样的手段促销，卖给具有什么特征的顾客。

企业需要通过深入调研客户需求，找到产品目标客户的细分特征，针对目标客户，进一步明确产品细分市场、产品定价策略、产品促销方式。前置营销的执行过程，就是在追求达到"1 厘米的宽度，1000 米的深度"。

比如，2012 年，淘宝平台提出了"小而美"的观点，这意味着在营销端，平台运营是向满足细分人群的需求、精细化运作的商家倾斜的。基于中国庞大的人口数量，相对细分的市场也会有比较大的消费基数，商家要想获得这些消费者的认可，就需要从产品端和客户端对产品进行分析，如产品是什么样子的，有哪些优势，想以什么样的价格卖给顾客，店铺的顾客是什么样子的，哪些促销活动会对他们更具有吸引力。

为什么前置营销会在这个节点被提出来并且被讨论呢？这有着特殊的背景。

从 2009—2016 年，这一段时间整个淘宝网的发展突飞猛进，销售额节节攀升，尤其是每年的"双 11"活动期间，从最早 5000 多万元的销售额，到 2016 年实现 1207 亿元的销售额，再到 2018 年实现了 2135 亿元的销售额，销售额呈几何数字增长的背后是由于大量的国内、国外的企业积极入驻了淘宝。与此同时，大量的创业者也将淘宝平台作为创业的优先选择，商家数量的急速增多导致竞争日益激烈，在流量增长速度相对减慢的情况下，商家对转化率的要求就变得越来越高，简单粗暴的引流手段不再适应竞争的需求，简单的"后置营销"也远远满足不了市场的需求了。

流量红利期过后，再去进行淘宝店铺的运营，就需要让"前置营销"从概念变成现实，从"大而化之"变成"小而巧之"。这告诉我们，在产品投入销售之前，商家需要挖掘出商品特征，并根据目标群体进行产品促销方式的选择。

对于大部分地区的商家来说，"新疆包邮"是一个绕不开的痛点。由于路途较远，货量相对较少，再加上新疆地区的运费比较贵，从利润考虑，很多商家就尽可能避免对新疆地区销售商品。然而，作为我国面积最大的省份，新疆地区是有较强购买能力的，于是就有商家从这个需求切入，通过自身的大规模采购来降低运输成本，并且只针对新疆地区销售，这时，距离的阻碍反而成为他们竞争的一大优势（见图 1-3）。

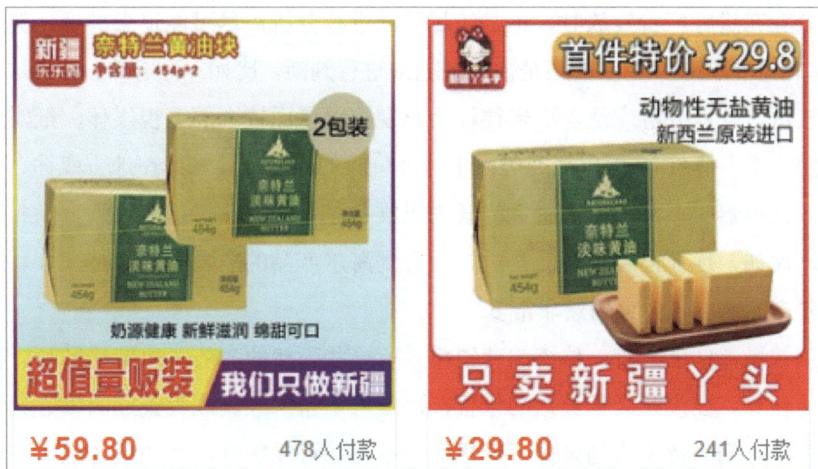

图 1-3　标注只卖新疆地区的商品

3. 全域营销

全域营销，这种营销往往是深刻洞悉人性，掌握市场趋势的，能够给客户提供超过预期的产品和服务。比如，在触屏手机出现之前，几乎所有人都认为，键盘是手机不可分割的一部分，研究者一方面基于人类生理上的便捷操作，一方面基于对简捷的判断，最终在几乎整个手机行业终结了键盘的使用。再比如，"新零售"的概念被提出来的时候，很多著名的企业家对此嗤之以鼻，认为这不过是一个说说而已的概念，但是经过两年时间的发展，"新零售"模式初步解决了线上购物到货周期慢、不能看实物、缺乏体验的局限性，也解决了线下购物价格贵、产品选择范围小等不足，成为新时代零售模式的伟大探索。

"全域营销"的理念往往来自卓越企业家对市场、客户及未来趋势的深刻洞察，是革命性创新的体现。

1.3　数据化营销的价值

科学决策、有效触达、持续信任是营销中的三个重要环节，在衡量营销效果的过程中，真实而准确的数据指标就显得尤为重要。广告投放是营销中的一个重要组成部分，广告行业有一句名言，"我知道有一半广告费浪费了，但是我不知道浪费在哪里了"。从中我们可以看到企业在进行广告投放时，也是绞尽脑汁进行分析，尽可能追求准确，但是由于技术、媒体、观念的限制，更多的还是依靠经验来进行判断。比如，日用品、食品这类产品，由于价格较低，受众人群广泛，广告往往会出现在覆盖面较大的电视媒体、纸媒上，通常是"广撒网才能多捕鱼"；而房地产类由于地理位置的局限性，一般在地方媒体、路牌看到的比较多；而电器类产品，由于企业的营销思维各有不同，选择差异较大，因此呈现方式有所不同，比如，现在已经很少能在电视上看到海尔产品的广告了，但是在互联网和新媒体上，海尔产品的广告内容仍然非常多。

从最终效果评估上来看，传统的营销模式有一些天然的劣势，决策凭经验、执行凭习惯、效果凭估算。在没有大量数据的年代，决策者丰富的经验成为企业的核心竞争力，但是经验是特定时间、特定市场条件下形成的，不具备可复制性，而决策者的水平影响了整个企业的水平，还是以广告投放渠道为例，某手机企业在城市最贵的核心地段租下了一个广告屏，宣传自己最新的手机（见图1-4）。

图 1-4　立体广告牌上的手机广告

一个月后，广告投放效果如何进行评估呢？该企业发现很难拿到数据，也许可以通过人工的方法计算出这个广告牌覆盖区域有多少人流量，如果再多花一些时间，还可以计算出其中的性别比。但是这些人中，有多少真正看到了广告，真正产生了兴趣，又有多少人真正产生了购买行为，是完全无法了解到的。不可否认，在一个商业核心区域的广告投放对影响消费者心理，宣传产品优势，提升品牌形象是有很大作用的，但是苦于技术能力有限，企业难以采集数据，导致整个营销活动的效果评估缺少了一些节点，无法形成完整的闭环。

1.3.1　传统营销无法实现数字化

传统的线下门店，如果想知道每天店里来了多少人，需要怎么做？大概需要找两个人坐在店铺门口，不停地计数。但是如果某个人今天来了 3 趟怎么办？或者今天来了几个送快递的、查水表的、收卫生费的、收废品的，这些人要不要算进去？如果计数记错了又怎么办呢？

我们发现简单的人数统计都会使工作量变得很大、工作成本变得非常高，更不要说分析用户性别、年龄、婚姻状况、学历、消费力等要素了。随着互联网技术的发展，电脑的数据采集效率和能力大大高于人工。阿里巴巴平台也开放了诸如生意参谋、数据银行等数据产品，帮助商家进行分析决策。企业通过使用数据再结合生活实践，便可以让决策变得更加有效。

1.3.2 数据化营销的边界

数据化营销依托于数据分析并结合营销的经验，帮助个人或企业，通过发现和挖掘目标客户的需求，从整体发掘产品的特质，并采用合理高效的手段去触达目标客户，让消费者深刻了解自身的需求，从而达到成交的目的。

营销与推销是有很大区别的，营销并非只是广告传播，更不是单一的销售行为，严格意义上说，营销负责制定方案，而运营、推销、创意、活动等都是在营销设计的框架下来实现营销目标的具体行为。

数据化营销是企业在通过技术手段进行数据采集，对数据背后逻辑进行全面分析的基础上进行的营销活动，运营端、推广端的数据分析解决具体问题，而数据化营销往往是解决一个战略问题，比如说，在推广时，发现直通车端的某一张图片点击率特别低，产品销量为零，不同的岗位就会有不同的优化角度（见图 1-5）。推广部门首先要考虑推广优化的问题，可能会通过出价抢占更好的位置。另外，如何通过地域、时段、人群做好精细化市场，追求更好的投入产出比是推广的重要职责之一。设计部门应考虑图片是否需要进行调整，通过更换模特、更换角度、更换背景来测试图片能否提升点击率。

图 1-5 针对最右侧零销量的产品，不同岗位有不同的优化角度

而营销部门针对商品点击率低的问题，则会从以下几个角度进行考虑。

① 现有的图片创意是否完整地体现了本阶段的营销目标，这款产品的诉求是什么，强调运动感，还是透气性？如果没有呈现，则需要进一步优化素材，如果已经呈现出来了，那么就需要做进一步分析。

② 点击率过低主要是图片点击率低，还是关键词点击率低，是否所有关键词的点击率都低，尤其是与产品的营销卖点密切相关的要素，如"卫衣透气""卫衣运动"等关键词，如果是这些关键词点击率低，即可初步说明现有的创意与用户的需求有差距，商家还要考

虑是不是更改了图片创意就一定能提升点击率。

③ 如果更改了创意，数据依然不理想怎么办？是否就代表了营销的内容，客户还是不认可？企业要考虑影响用户点击选购的要素可能不是只有图片，产品的价格、现有的销量、折扣的力度、产品款式等也都是影响用户判断的要素，企业要弄清楚用户是对营销素材有疑虑还是对产品本身缺乏信心。

④ 当产品的价格、款式等要素无法调整时，作为营销人员就需要考虑现有的营销策略、目标人群是否选择恰当，是否需要调整，是根据现有情况继续观察，还是要调整推广预算、调整推广产品、调整推广内容及调整推广的覆盖人群等。

以上这些分析来源于数据，却又不单纯依赖数据，推广部门是解决具体操作问题的，而数据化营销则要给出符合公司发展战略的营销建议。

比如，一款产品参加了"聚划算"活动，从运营角度来说，企业需要考虑如何将活动搞好，提升单品的销量。从营销角度上考虑，这款产品适不适合目前上活动，如果是产品销量上升期，上活动会不会影响产品最低价，影响后续利润；如果是产品进入衰退期，是否可以增加优惠力度，及时清仓，同时提升店铺层级。营销部门还要根据不同的产品性质施行不同的老客户营销方案：对于大家电、家装这类老客户比较少的品类，需要通过历史客户分析进行客户画像，从而指导推广部门针对画像人群进行新流量引入；对于零食、服饰等有一定老客户复购率的类目，则需要设计如何触达老顾客，形成复购。同时，企业还要与运营推广部门共同探讨通过哪些优惠方案来提升整体的销售量。在活动之后，企业需要把产品销量、流量结构、客户特征与店铺的历史数据进行对照，找出差异点，从战略层面把握店铺运营的方向。

总之，数据化营销是企业以数据为基础，将"人""货""场"三者通过数据作为纽带联结起来，形成自己的营销思路，从而进一步指导和支持运营、推广、设计、客服的工作。

1.3.3　"人""货""场"在数据化营销中的思考

1. 选对"人"

商家弄明白自己面向的是哪类消费者非常重要，很多商家认为自己的产品很好，应该面向高端市场，抢夺高端客户。面向高端市场，意味着客单价高，单品销售额高，但相对的销售量就会少一些。商家就要思考：高端消费者在哪里，企业应该通过什么样的内容去触达他们的消费需求痛点。

高端消费者都属于拥有巨大信息量的人士，普通的优惠、折扣、满减、品质认证未必能够打动他们，他们的消费痛点往往会集中在产品的整个消费流程能否让自己更节省时间，能不能通过产品实现某些仪式感。如果商家能够从数据中发掘出用户的消费痛点，并且充分利用各种组合的营销手段，将产品能够解决痛点的信息实现精准传播，那么就会达到事半功倍的效果。反之，如果将自己的产品与"9.9 元包邮"的产品放在一起竞争，则没有什么竞争优势。

2．找准"货"

什么产品具有更好的市场前景？随着信息的透明，几乎不存在容量大、竞争小的市场，企业只能基于用户的需求去生产或者销售"相对小众"的产品和服务。同时，商家要能够通过有效的营销活动去触达自己想触达的消费者。如消费者在选择一件大衣的时候，不同的场合需求会有不同的成交结果。

消费者在淘宝网上搜索大衣男，属性选择"商务休闲"，按照销量排序，会看到销量最好的 3 件产品的加权平均售价约为 302 元（见图 1-6）。

图 1-6　商务休闲的男士大衣，价格较低，销量较高

在淘宝网上搜索"大衣男"，属性选择"商务正装"，按照销量排序，会看到销量最好

的 3 件产品的加权平均售价为 405 元（见图 1-7）。

图 1-7　商务正装的男士大衣，单价较高，销量较低

　　这时候，作为商家，去切入哪一个市场呢，选择什么样的风格会更好呢？这就需要做系统分析。商务休闲男士大衣的市场销量要大于商务正装的销量，但是竞争也会比较激烈；商务正装的大衣与同行业竞争时相对较弱，整体销量较低。这时候，就需要有一个完善的营销策略，"商务休闲"和"商务正装"究竟有哪些差别，不同类产品，消费者选择的时候究竟有哪些"点"是可以打动他们的，他们的需求是不是我所能够提供的，这些都是商家需要思考的问题。

　　消费者在购买大件商品时，对品牌的信赖度较高。旗舰店销售就会好于专卖店，专卖店往往又比 C 店好很多。商家以产品型号这个绝对值进行搜索，按照销量排序可以看到，在价格一致，服务一致的情况下，旗舰店仍然有很大的优势（见图 1-8）。

　　对于品牌商家来说，只有官方旗舰店销量大并不是一个好消息，从营销角度上讲，授权很多专卖店、专营店，不仅是渠道销售的需求，也是品牌通过扩充销售队伍、增强销售能力、抢夺其他品牌市场份额的有效方式。

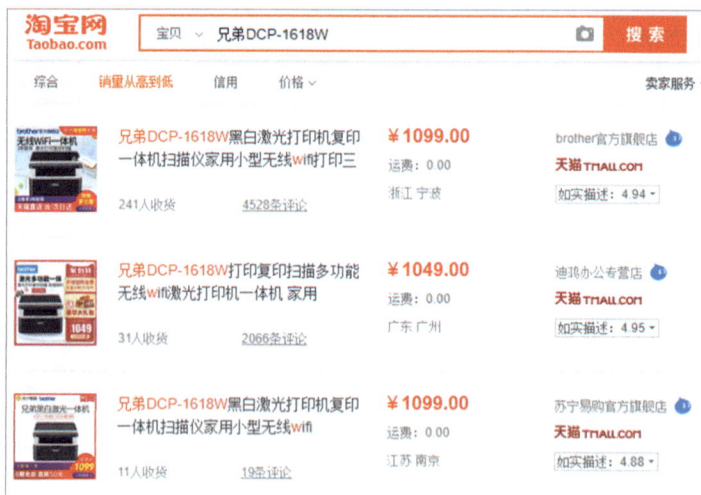

图1-8　按照销量排序，可以看到官方旗舰店的销量遥遥领先

　　如果消费者认可这个产品，用"品牌名+产品词"进行搜索的时候，意味着所有这个品牌的经销商都是相互竞争的关系，商家为了实现自己的销量最大化，竞相会对"品牌名+产品词"这样的关键词进行加价，去抢夺消费者，虽然最终无论在哪家成交都是品牌的成交，但是这样的竞争极大的推高了经营成本，降低了品牌的利润。从营销角度出发，商家就要思考产品的布局，狭义地说，所有的经销商应该形成合力共同抢夺其他品牌的市场，而不是相互竞争，通过降低自身利润，来挤压同行的生存空间（见图1-9）。

图1-9　"品牌词+产品词"的转化率要高于"产品词"的转化率

3. 选好"场"

狭义上来讲，"场"无非就是指商家在哪里卖货，即使在只有线下购物的年代，销售产品的"场"也是多种多样的，如同样是销售一瓶百事可乐，有可能是通过国际化的连锁超市，也有可能通过国内连锁的商超百货店，或者是餐饮企业，还有可能通过自动售货机或者旅游区的小卖部进行销售，每一个不同的销售渠道其采购、销售、结算的体系都各有不同。线上零售的本质与线下是完全一样的，只是借助了不同的手段，线上的获取数据的能力更强，商家可以避免受经验主义的影响，可以以数据作为营销决策的基础要素。

在线上平台销售中，重要的流量来源平台也是重要的"场"。有的店铺从来不做活动，每一次上新却能快速售罄；有的店铺特别擅长通过直通车实现低价引流，以大量低价的流量满足销售的需求；也有的店铺善于维护老客户，掌握了稳定的客流量；还有的店铺将直播平台作为自己的主要阵地，每天都有主播跟顾客交流，将枯燥的产品介绍转化成了生动的语言。对于成功的案例，不能简单地复制，企业需要通过不断地测试，根据数据的反馈找到适合自己的方法。

本章小结

本章主要从理论和实践相结合的角度，初步给大家介绍了营销的基本概念和思路。营销是要通过科学决策（决定生产或者采购有特点的产品）、特定的手段（推广）和特定的内容（视觉设计）去触达有效的客户（客户画像），并能实现长久的客户关系。在过去，流量充沛的时代，我们特别强调的是推广和视觉，有一张好图片、一则好文案，加上一定的推广手段就一定能够让产品卖得好。客观地说，所谓的卖得好并不一定是产品好，而是流量多，哪怕转化率低，也能卖得好，但是当流量开始相对减少的时候，没有好的产品、没有细分的客户，是不能将产品卖得好的。

第 2 章

市场数据分析

2.1　什么是市场数据分析

市场数据分析是指商家通过对市场情况进行调研，了解市场商品生命周期数据，市场品类容量数据，商品品类数据，竞争品牌、竞争商品数据，商品季节售卖周期数据。商家利用市场行情了解市场数据，找到销售额提升的"蓝海"机会、了解市场的变化趋势、找到自己店铺可以切入的品类，从而让商家了解如何合理规划品类布局进而提升店铺的销售额。

市场数据分析主要包括市场大盘数据分析、市场营销数据分析和市场品类结构数据分析，商家通过生意参谋工具进行数据的采集、数据分类分析，找到市场数据的提升方向，从而帮助店铺更好地利用数据做好运营。

2.2　市场大盘数据分析

商家通过市场大盘数据分析，可以更好地认识市场商品的供需关系，从而采取正确的营销方式，满足市场需求，提高店铺的经济效益。

2.2.1　市场行情数据分析

商家可使用生意参谋市场行情工具，了解行业品类数据、确定品类切入方案，了解品类的大盘数据，并根据大盘数据制订合理的品类上新计划。商家可使用市场行情监控看板对相似品牌进行数据监控分析，了解同类目、同层级的商品数据变化情况；而且可根据店铺市场排行，了解行业的销售额情况、店铺在行业的排名、行业趋势数据等。

商家可以根据店铺经营情况，市场线下经营数据、店铺销售数据、进行市场行情分析，从而了解市场的变化趋势；还可以通过了解市场行情数据分析，了解市场分析的方法，从而提高店铺的经营效率。

例如，男装—卫衣类目下的行业趋势（见图 2-1）显示，该店铺在 8～9 月的 30 天内，行业趋势搜索人气增长明显。访客数据增长明显，商家可以根据类目数据增长情况，提前进行营销规划、品类上新、推广安排等活动，以增强店铺在卫衣市场的商品能力和流量能力。商家制订好整体的营销规划后，需要提前1～2个月的时间，安排设计开发，进行视觉设计；安排上新，进行数据测款；针对卫衣类目流量的提升，进行店铺承接优化，提高卫衣在店铺的转化率。同时，商家可根据大盘变化趋势，提前做好类目工作安排，完成店铺品类销售额提升的目标。

图 2-1　市场类目行业趋势

　　企业使用生意参谋市场行情大盘数据分析可以了解整个行业品类数据、了解行业品类行业数据支付占比数据、精准获取大盘流量趋势和子类目数据增长情况，从而了解市场数据变化情况。

　　商家对品类行业数据进行采集，根据细分品类数据的支付排行，了解品类下细分类目的支付排名变化情况，再根据品类销售额变化情况，进行品类上新布局规划，从而制定出店铺的销售目标。

　　另外，进行市场子行业分析，例如，在男装父行业下的子行业构成中，休闲裤在8～9月在男装父行业下交易数据排名第一（见图2-2），根据休闲裤支付金额占父行业的17.67%，商家从而可以得知，8～9月是男装休闲裤销售的旺季。

　　商家可根据子行业交易指数、交易增长幅度、支付金额较父行业占比进行品类数据分析，对市场进行进一步分析，了解市场关键词竞争度。商家通过做好细分竞争分析，找到店铺可以切入的市场机会，另外，可根据市场细分品类数据，安排品类上新拓展，提升品类在店铺的销售额。

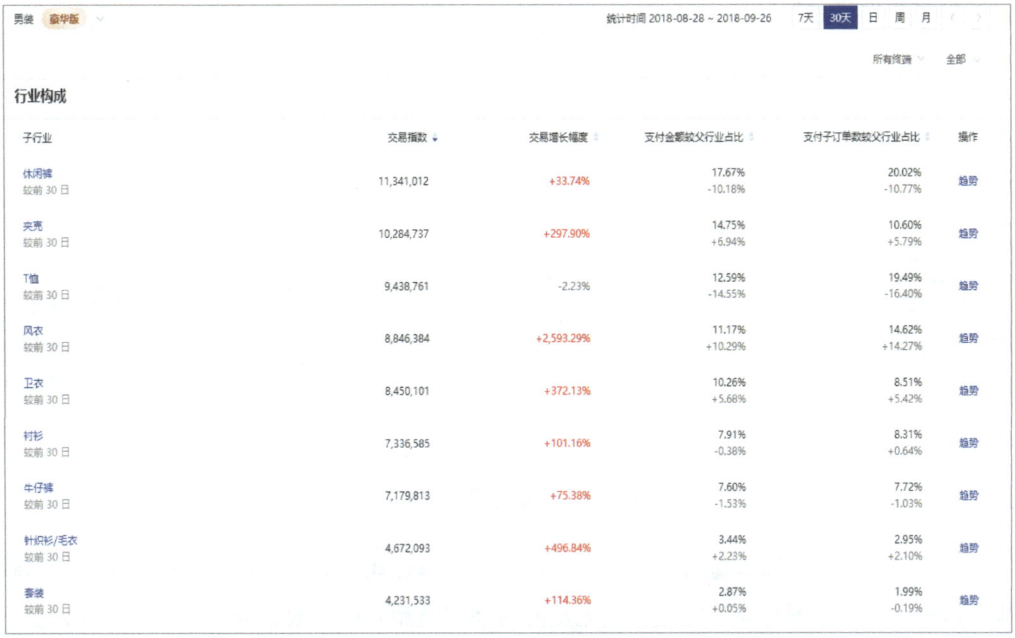

男装 豪华版　　统计时间 2018-08-28 ~ 2018-09-26　7天　30天　日　周　月

所有终端　全部

行业构成

子行业	交易指数	交易增长幅度	支付金额较父行业占比	支付子订单数较父行业占比	操作
休闲裤 较前 30 日	11,341,012	+33.74%	17.67% -10.18%	20.02% -10.77%	趋势
夹克 较前 30 日	10,284,737	+297.90%	14.75% +6.94%	10.60% +5.79%	趋势
T恤 较前 30 日	9,438,761	-2.23%	12.59% -14.55%	19.49% -16.40%	趋势
风衣 较前 30 日	8,846,384	+2,593.29%	11.17% +10.29%	14.62% +14.27%	趋势
卫衣 较前 30 日	8,450,101	+372.13%	10.26% +5.68%	8.51% +5.42%	趋势
衬衫 较前 30 日	7,336,585	+101.16%	7.91% -0.38%	8.31% +0.64%	趋势
牛仔裤 较前 30 日	7,179,813	+75.38%	7.60% -1.53%	7.72% -1.03%	趋势
针织衫/毛衣 较前 30 日	4,672,093	+496.84%	3.44% +2.23%	2.95% +2.10%	趋势
套装 较前 30 日	4,231,533	+114.36%	2.87% +0.05%	1.99% -0.19%	趋势

图 2-2　休闲裤 8～9 月在男装父行业下交易指数排名第一

商家使用生意参谋分析细分类目的竞争度情况，包括行业卖家分布地区情况（见图 2-3）。卖家多的地方，很有可能就是产业带较成熟的地区，由此商家可以更好地进行产品的调研分析，帮助自己选择更好的供应商，实现供应链优化。从图 2-3 中可以看出，男装的核心卖家主要分布在广东省、浙江省、福建省，还可以知道男装行业有交易的卖家数量是多少，这样商家便可以根据男装销售集中的地区、主要核心供应链地区，去寻找男装的优质货源。

适时通过搜索引擎和新闻媒体查询一些展会信息，也是帮助商家寻找货源的好方法，比如，四川成都每年的春季糖酒会、夏季佛山的小家电展等，商家可以通过中国展会网、中国会展门户等网站，寻找自己关注领域的行业展会。

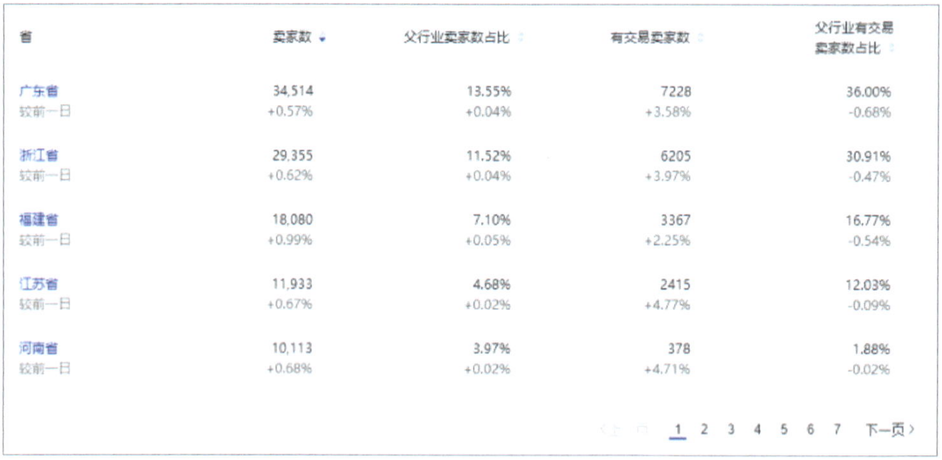

省	卖家数	父行业卖家数占比	有交易卖家数	父行业有交易卖家数占比
广东省 较前一日	34,514 +0.57%	13.55% +0.04%	7228 +3.58%	36.00% -0.68%
浙江省 较前一日	29,355 +0.62%	11.52% +0.04%	6205 +3.97%	30.91% -0.47%
福建省 较前一日	18,080 +0.99%	7.10% +0.05%	3367 +2.25%	16.77% -0.54%
江苏省 较前一日	11,933 +0.67%	4.68% +0.02%	2415 +4.77%	12.03% -0.09%
河南省 较前一日	10,113 +0.68%	3.97% +0.02%	378 +4.71%	1.88% -0.02%

1 2 3 4 5 6 7 下一页 >

图 2-3 行业卖家分布地区

商家使用市场行情大盘数据分析，可以清晰了解行业下的店铺排行、商品排行、品牌排行情况，进而了解行业高销量、高流量的店铺和商品并进行数据分析，从而提取大盘市场的数据。

商家通过了解男装卫衣类目的店铺排行、商品排行、品牌排行情况去了解卫衣市场，并按月（周、天）的市场排名，找到高销量、高流量的品牌店铺商品，进行参考学习，然后针对热销商品，进行店铺卫衣数据优化、上新优化，从而帮助店铺实现数据提升。商家针对男装卫衣类目，可以查看卫衣类目市场高销量、高流量的店铺情况，包括行业排名交易指数、交易增长幅度、支付转化指数的数据（见图 2-4）。

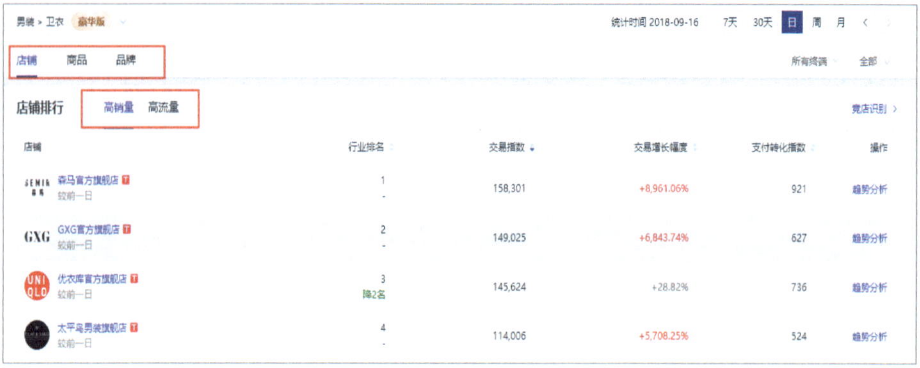

男装 > 卫衣 豪华版 统计时间 2018-09-16 7天 30天 日 周 月

店铺 商品 品牌 所有终端 全部

店铺排行 高销量 高流量 竞店识别 >

店铺	行业排名	交易指数	交易增长幅度	支付转化指数	操作
森马官方旗舰店 较前一日	1 -	158,301	+8,961.06%	921	趋势分析
GXG官方旗舰店 较前一日	2 -	149,025	+6,843.74%	627	趋势分析
优衣库官方旗舰店 较前一日	3 降2名	145,624	+28.82%	736	趋势分析
太平鸟男装旗舰店 较前一日	4 -	114,006	+5,708.25%	524	趋势分析

图 2-4 行业店铺排行数据

2.2.2 市场大盘数据采集与分析流程

在店铺数据运维过程中商家需要做多方面的准备工作，例如，店铺上新，就是其中重要的一项，而分析市场大盘数据是切入一个市场品类必须要经历的过程。

不懂怎么做市场大盘数据分析，如不知道目前所处的行业市场容量怎么样、父行业下子行业的占比情况有多少、每年什么季节应该切入什么类目等，商家是很难找到切入点的。例如，服饰类目，夹克的销售旺季在春季的 1～3 月份与秋季的 8～10 月份，那么夹克的设计、生产、上新时间就要根据实际情况提前，企业可以根据自身的商品开发、供应链生产情况，进行上新时间规划安排，一般服饰类目会提前 1～2 月进行准备。如果商家没有根据市场大盘数据分析去准备，晚 1 周上新，那么别人已经在奔跑了，自己店铺还在做准备活动，那样销售额会受到直接影响。因此，在做一个行业品类之前，商家首先要做的就是进行行业大盘数据分析，做到运筹帷幄。

【案例】以男装为例，介绍市场大盘数据的采集与分析流程。

第一步：确定分析目标及内容框架。例如，要想分析男装子行业的市场品类行业数据，那么目标就是男装行业大盘下各二级类目的市场容量数据。

第二步：数据采集。要了解男装类目下各品类的市场容量，商家可通过对各品类的成交数据、成交数据变化及卖家数占比进行数据分析。如图 2-5 所示，商家进入生意参谋后台后，选择导航栏中的"市场"选项，再单击"市场大盘"选项，然后选择需要采集数据的类目进行查看，而在周期选择上建议以月为单位，方便存档及做其他数据分析使用。

图 2-5 市场行业大盘数据

在大盘数据中，从子行业交易排行情况（见图2-6），商家可以看到周期内男装品类下，各子行业的支付金额较父行业占比等数据。在市场大盘中的男装市场，商家选择按月进行行业构成数据采集，了解子行业支付金额较父行业占比情况，从而确定店铺切入男装市场的品类机会。市场行业大盘数据采集步骤：第一步，选择生意参谋专业版的男装类目市场；第二步，按月进行类目数据采集；第三步，将采集到的数据进行分析。

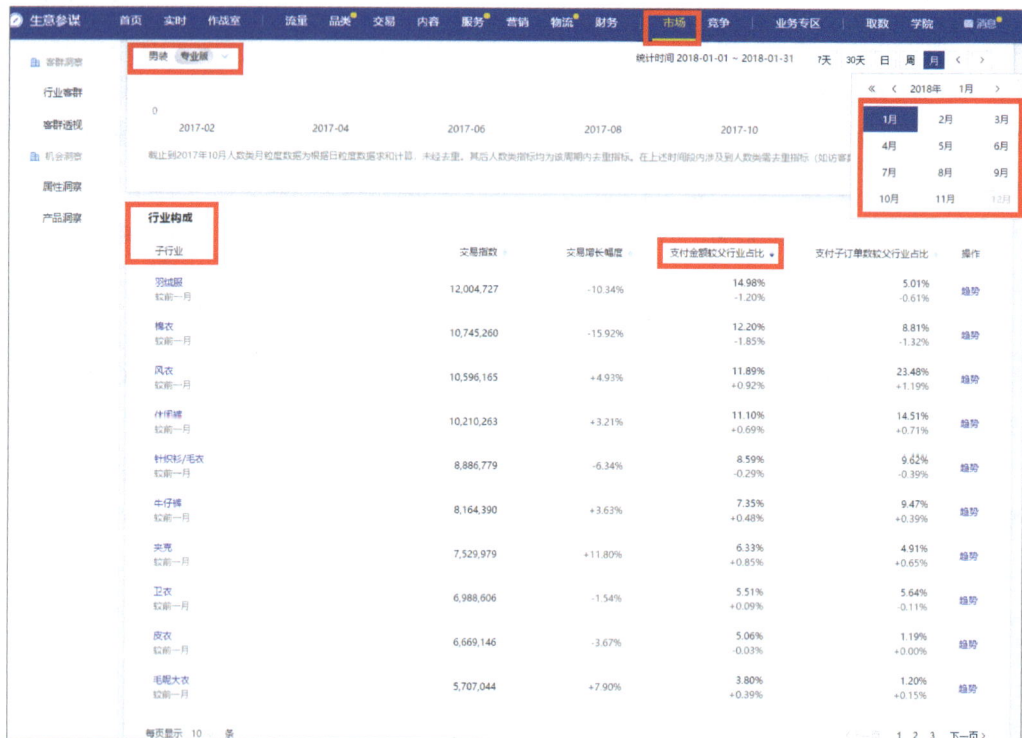

图2-6 市场子行业交易排行情况

商家可按照周期月为指标，将年周期内1月至12月的数据复制到Excel表格中（见表2-1），并在表格内加入周期变化数据，可方便进行其他数据分析时使用。系统按照月进行品类数据采集分类，可帮助商家了解市场品类月度、年度品类销售情况，从而更好地利用品类年度、月度交易数据，做好商品品类的营销规划。

表 2-1 市场行业细分子品类销售数据（部分）

行业名称	1月 支付金额较父类目占比/%	支付金额较上一周期提升比/%	卖家数占比/%	行业名称	2月 支付金额较父类目占比/%	支付金额较上一周期提升比/%	卖家数占比/%
羽绒服	15.89	14.25	21.55	风衣	39.79	99.65	19.39
棉衣	13.81	21.28	31.65	休闲裤	8.55	59.17	45.84
休闲裤	10.62	0.00	46.39	夹克	8.23	35.63	42.61
风衣	10.10	3.91	19.65	羽绒服	6.12	80.47	21.76
针织衫/毛衣	9.27	8.90	33.47	卫衣	5.89	48.90	38.43
牛仔裤	6.93	1.57	34.68	棉衣	5.47	79.92	32.01
夹克	6.48	6.45	42.69	牛仔裤	5.18	62.13	34.15
卫衣	5.84	8.39	38.42	针织衫/毛衣	4.67	74.44	33.57
皮衣	4.79	8.34	17.50	T恤	3.94	36.67	50.84
毛呢大衣	3.83	2.47	14.70	衬衫	3.13	54.73	36.27
衬衫	3.50	4.30	36.76	皮衣	2.48	73.72	17.38
T恤	3.15	3.99	51.79	毛呢大衣	2.30	69.56	14.84
西服	1.17	15.95	12.07	背心/马甲	0.79	67.93	23.62
套装	0.90	30.90	21.24	套装	0.76	57.07	20.62
民族服装	0.39	43.28	7.91	民族服装	0.28	62.83	7.48
西裤	0.34	0.90	7.63	西裤	0.27	59.51	7.32
羽绒裤	0.24	22.44	2.14	Polo衫	0.13	17.58	7.82
皮裤	0.09	34.38	3.13	羽绒裤	0.09	81.50	2.07
Polo衫	0.08	18.84	8.21	棉裤	0.04	75.77	3.91
棉裤	0.08	16.27	4.04	皮裤	0.03	79.70	2.99

按照上图的数据采集，商家可以将子类目数据按月进行分析，例如，在 1 月份的男装市场，支付金额较父类目占比排名第一的是羽绒服类目，支付金额较上一个周期提升了14.25%；2 月份的男装市场，支付金额较父类目占比排名发生了变化，风衣排名第一，较上一周期提升了 99.65%，商家可以通过类目在每个月的支付金额变化情况，进行类目的趋势分析，从而进行类目的营销规划。

第三步：数据整理。商家可选择生意参谋中周期内 1～12 月份的数据，将细分类目数据复制到 Excel 表格内（见表 2-2）。

表 2-2 店铺子品类年度销售数据排行（部分）

2018 年	一级类目	二级类目	叶子类目	支付金额占比/%	支付金额/元	支付买家数/个	支付转化率/%
1 月	男装	休闲裤	休闲裤	19.53	447 821.58	1955	2.58
		T 恤	T 恤	1.30	29 799.34	364	2.05
		针织衫/毛衣	针织衫/毛衣	4.10	94 000.92	476	1.23
		夹克	夹克	15.15	347 383.84	1616	2.25
		卫衣	卫衣	6.00	137 668.3	965	2.29
		牛仔裤	牛仔裤	2.67	61 185.27	291	1.33
		Polo 衫	Polo 衫	0.01	283.26	3	0.09
		衬衫	衬衫	5.83	133 695.93	721	1.89
		背心/马甲	背心/马甲	4.59	105 334.34	467	1.53
		风衣	风衣	3.44	78 899.42	347	1.07
		皮衣	皮衣	0.27	6299.65	5	0.08
		棉衣	棉衣	10.05	230 487.81	853	1.40
		羽绒服	羽绒服	13.19	302 325.4	632	1.44
		毛呢大衣	毛呢大衣	13.41	307 457.01	632	1.45

第四步：数据展示。依据全年（1 月至 12 月）支付金额较父类目占比数据（见图 2-8），制成簇状柱形图（见图 2-7）。

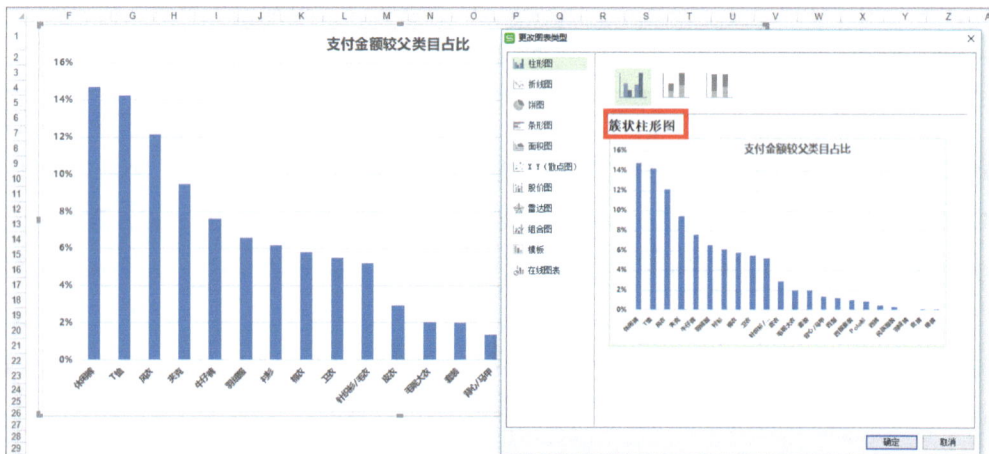

图 2-7 支付金额较父类目占比（某一个月）

从图 2-7 中，商家可以看出周期内子类目在行业大盘支付占比中的排行，为了分清每个子类目的数据，商家可以将分类间距进行调整（见图 2-8）。

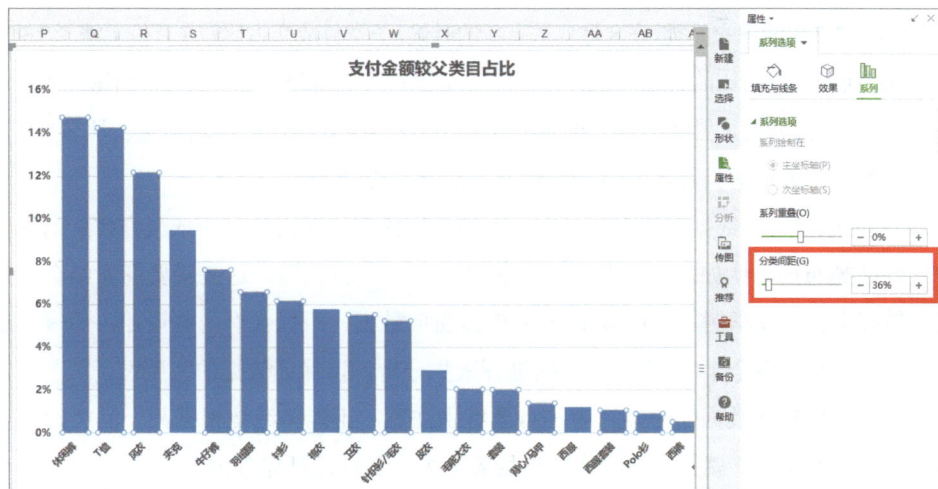

图 2-8　子类目数据整理分析

商家将簇状柱形图的分类间距比例进行调整后，添加每个子类目的支付金额占父类目的百分比数据，可方便更清晰地查看（见图 2-9）。

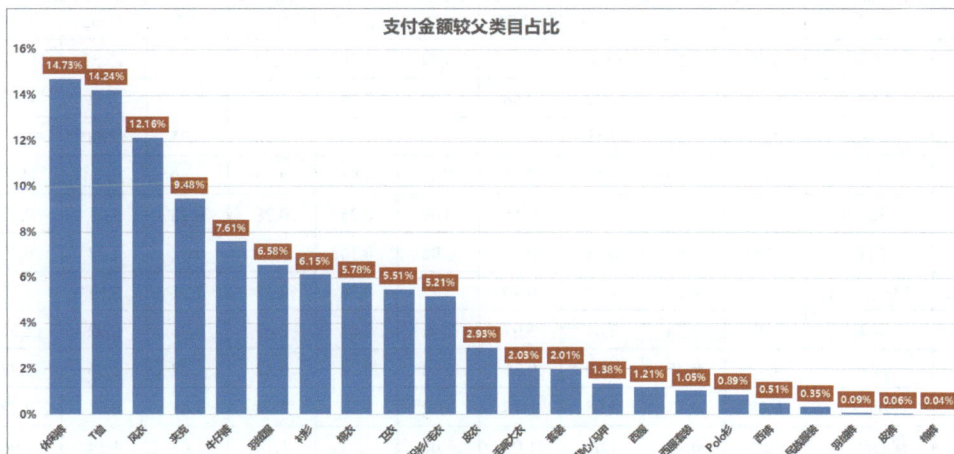

图 2-9　子类目数据整理分析

第五步：数据分析。将 1～12 月份的数据进行整理后，商家可以做出单个品类在 12 个月内的成交占比数据表（见表 2-3），通过对每月的数据进行趋势分析，男装类目大盘中某单个子类目在全年周期内的成交占比的变化趋势，便一目了然了。

例如，表2-3中的卫衣品类，在8月秋季上新的时候，子类目成交占比较7月份上涨了3.31%，在9月份子类目成交占比的数据为10.74%。那么商家便可以得到两个数据分析结论。

① 数据层面分析，男装品类下的卫衣子类目，在4～6月份的市场容量占比较低，在7月份略微增长，大幅增长是在8月份，爆发是从9月份开始的。

② 根据成交占比数据趋势变化情况，再结合店内年周期内的品类成交占比，商家可以提前做好品类布局，比如，上新节奏、上新时间点、上新量等，这些就要商家结合自身情况提前做好准备。此举例，只截取了1～10月份的数据，所以会有一些误差，商家在进行分析的时候，建议将全年12个月的数据进行采集分析，以保证数据的完整性。

商家在分析整体数据的时候，有一点要特别注意，不能单纯地根据某一品类的全年成交占比数据排名靠前，就判定该品类的市场容量大，要进行具体分析。

表2-3 行业子品类销售数据（部分）

						××年市场大盘子类目成交占比/%					
排序	行业名称	1月	2月	3月	4月	5月	6月	7月	8月	9月	10月
1	休闲裤	10.62	8.55	14.63	19.04	26.73	29.44	26.74	20.91	16.96	12.69
2	T恤	3.15	3.94	19.85	32.21	33.62	32.45	27.39	19.63	11.80	6.97
3	风衣	10.10	39.79	15.34	12.59	11.26	10.44	21.29	23.25	10.65	9.79
4	夹克	6.48	8.23	15.49	7.68	3.59	2.20	2.14	6.73	15.32	14.05
5	牛仔裤	6.93	5.18	7.43	7.58	7.72	7.65	6.53	6.83	7.53	6.43
6	衬衫	3.50	3.13	7.58	8.13	7.12	7.20	5.98	6.75	7.88	5.34
7	卫衣	5.84	5.89	6.67	2.07	0.63	0.61	0.89	4.20	10.74	11.72
8	羽绒服	15.89	6.12	0.54	0.15	0.09	0.25	0.28	0.78	1.71	4.92
9	棉衣	13.81	5.47	0.43	0.10	0.06	0.14	0.13	0.32	1.14	6.49
10	针织衫/毛衣	9.275	4.67	1.53	0.49	0.22	0.26	0.30	1.11	3.83	7.52
11	套装	0.905	0.76	2.64	3.07	2.92	2.53	2.43	2.36	2.92	2.57
12	皮衣	4.79	2.48	1.19	0.31	0.14	0.24	0.42	1.22	2.56	3.82
13	Polo衫	0.08	0.13	0.98	2.18	2.52	3.10	2.04	1.48	0.62	0.22
14	背心/马甲	1.25	0.79	1.09	1.05	1.00	1.03	1.14	1.01	1.14	1.96
15	毛呢大衣	3.83	2.30	0.41	0.06	0.03	0.09	0.10	0.29	0.79	1.90
16	西服	1.17	1.00	1.94	1.16	0.53	0.46	0.45	0.92	1.65	1.54

如表2-4所示的休闲裤品类，在2018年全年子行业交易排行中，支付金额较父类目占比为14.73%，居于首位，T恤占比为14.24%，居第二位，然而从数据上不能直接判定休闲裤的市场容量就大于T恤，还要考虑品类季节性的问题。比如，对于休闲裤这个一年四季

交易占比数据比较稳定的品类来说，在夏季主要以短裤、五分裤、七分裤、九分裤为主，在秋冬则是以加绒、加厚款为主。在 T 恤品类，夏季主要以无袖、短袖款为主，秋冬则是打底长袖、假两件为主。对于一些有季节性的品类来说，在外形及布料上，也会有所差异。在数据层面，休闲裤、T 恤类目与冬季属性明显的品类，如棉服、羽绒服、毛呢大衣，数据对比差异较明显，所以商家需要综合考虑数据的完整性，只有进行分析，才能为品类布局提供直接有效的指导。

对于非服饰类的标品或者半标品来说，受季节影响较小，受行业产品革新、消费习惯影响较大，如推出新款手机，往往会带来一个换新的潮流；某个娱乐热点或者事件相关的产品也可能会突然热销；家装、家电从全国来说，一般是从春季开始就是一个销量的小高潮，但是也受气候、地产行情等多方面因素的影响。

第六步：周期行业数据对比。商家可对 2017 年与 2018 年的男装品类子类目数据进行收集整理，并用 Excel 做出表格，如表 2-4 所示。商家通过对行业数据进行分析，对比 2017 年和 2018 年的品类商品的支付金额占比数据，可以有效地进行品类商品数据规划，提升商家优质品类中的覆盖量，从而提高销售额。

表 2-4 2017 年与 2018 年男装品类子类目数据对比分析表格

行业数据抓取：男装-子行业交易排行							
	排序	行业名称	2017年支付金额较父类目占比/%	2017年卖家数占比/%	2018年支付金额较父类目占比/%	2018年卖家数占比/%	2017—2018年支付对比/%	2017—2018年卖家数对比/%
大盘数据	1	T恤	14.74	56.53	14.24	59.98	-3.39	6.10
	2	休闲裤	14.31	43.24	14.73	47.70	2.94	10.31
	3	风衣	8.61	15.38	12.16	17.54	41.23	14.04
	4	夹克	8.56	34.63	9.48	39.95	10.75	15.36
	5	牛仔裤	8.45	34.89	7.61	36.35	-9.94	4.18
	6	衬衫	7.74	39.81	6.15	38.97	-20.54	-2.11
	7	羽绒服	7.35	13.81	6.58	15.46	-10.48	11.95
	8	针织衫/毛衣	5.65	26.66	5.21	27.57	-7.79	3.41
	9	棉衣	5.23	20.40	5.78	22.38	10.52	9.71
	10	卫衣	4.44	28.75	5.51	33.34	24.10	15.97
	11	皮衣	4.21	10.74	2.93	14.14	-30.40	31.66
	12	毛呢大衣	2.61	11.47	2.03	11.39	-22.22	-0.70
	13	套装	1.91	11.71	2.01	18.65	5.24	59.27
	14	西服	1.54	11.95	1.21	11.89	-21.43	-0.50
	15	背心/马甲	1.34	14.57	1.38	20.20	2.99	38.64
	16	西服套装	1.13	3.68	1.05	5.87	-7.08	59.51
	17	Polo衫	0.97	11.10	0.89	11.72	-8.25	5.59
	18	西裤	0.63	4.44	0.51	7.13	-19.05	60.59
	19	民族服装	0.35	1.88	0.35	5.88	0.00	212.77
	20	羽绒裤	0.10	0.56	0.09	1.08	-10.00	92.86
	21	皮裤	0.08	1.06	0.06	1.71	-25.00	61.32
	22	棉裤	0.04	0.87	0.04	1.79	0.00	105.75

2.3　市场营销数据分析

　　市场营销数据分析，主要是指根据市场大盘行业关键词数据进行品类数据的分析，不同的搜索行为背后代表着不同的搜索流量，不同的搜索流量背后是不同的搜索人群，不同的人群包括不同的性别、年龄、地域、喜好、消费能力等。商家通过数据分析，可以更好地进行商品布局和营销规划。商家通过使用市场行情搜索数据，精准分析类目搜索关键词数据，从而了解品类下的搜索容量情况（见图 2-10）。

图 2-10　搜索容量分析

2.3.1　搜索排行数据分析

　　商家对类目搜索关键词数据和关键词流量数据进行分析，了解细分品类下的关键词搜索排序，然后进行细分类目关键词分析。如商家在男装市场可以根据细分类目进行关键词排行数据分析，可以根据市场搜索排行，确定男装市场细分品类关键词的营销方向（见图 2-11）。同时商家可根据市场搜索需求排行，了解细分类目用户搜索需求的方向，然后再根据搜索需求方向，去优化店铺商品的上新方向，从而使店铺商品满足市场的需求。

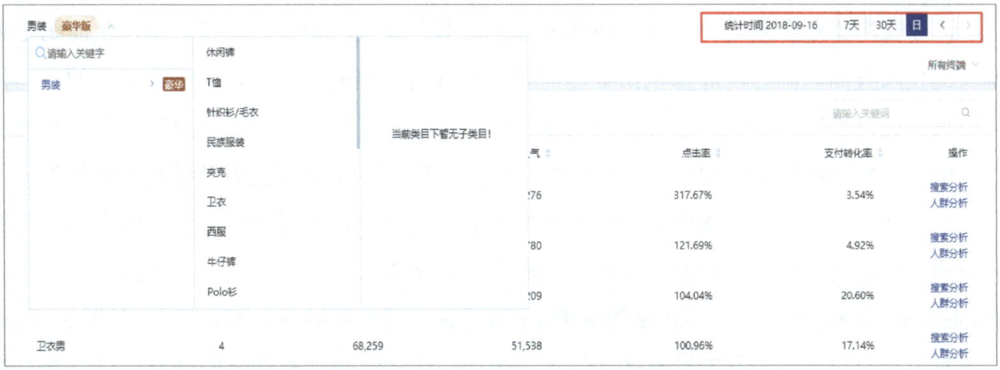

图 2-11　细分类目关键词数据分析

2.3.2 搜索关键词分析

　　商家对类目搜索关键词数据进行分析，可针对行业细分类目品类进行关键词分析（见图 2-12），分析搜索词、长尾词、品牌词、核心词、修饰词的特点，不同的关键词应用场景不同，营销方向也不同：搜索词主要是市场搜索需求词，长尾词是客户精准需求的关键词，品牌词是客户对品牌的认知所产生的关键词，核心词是对搜索词进行分词而产生的属性词，修饰词是针对主词相关的关键词进行配合使用。商家针对关键词拥有的搜索人气，进行市场数据采集分析，进而得出市场搜索容量的数据。

图 2-12　细分类目关键词搜索数据

商家使用生意参谋进行市场行情搜索分析，对关键词趋势数据进行对比，从而确定关键词的使用方向。同时，商家根据关键词搜索人气的数据变化，可以进行关键词的布局优化，在关键词替换的时候，需要参考关键词的热搜排名、搜索人气、支付转化率等数据进行分析。商家根据搜索人气的上升和下降，进行关键词替换，可以提升关键词的流量效果：商家对于搜索人气上升的关键词，可以布局到店铺，进行搜索提升；对于搜索人气下降的关键词，可以进行替换。商家主要对比关键词的搜索人气、搜索热度、点击人气、点击热度、点击率、交易指数、支付转化率等数据，来分析这个搜索关键词的变化情况（见图2-13），"卫衣""卫衣男""卫衣男春秋款"这三个词的搜索结果会有明显的差异，"卫衣"是产品属性，不具备性别标签，有可能是男士穿，也有可能是女士穿；"卫衣男"明显具有男性特征，这里需注意，搜索"卫衣男"的未必是男性，有很大一部分是女士给自己的男朋友、老公或孩子购买的；"卫衣男春秋款"则暗含了对材质、厚度、款式的一些要求。商家根据不同的产品，匹配不同的关键词，才能更好地吸引用户访问，从而提高成交率。

图 2-13　类目搜索词趋势数据分析

商家使用生意参谋进行市场行情相关搜索词分析，主要是根据热搜词的相关词做数据抓取分析，了解相关搜索词数据、了解行业词的关联词，从而可以进一步深挖品类词背后的市场容量数据。例如，"卫衣男"背后的相关搜索词，是围绕"卫衣男"的拓展词来进行数据采集的，商家通过了解"卫衣男"相关词的整体市场容量数据，再根据男装卫衣市场关键词搜索人气、支付转化率等数据，才能确定关键词的使用。

“卫衣男”相关搜索词，是围绕核心词“卫衣男”拓展的关键词，如卫衣男春秋款、早秋卫衣男潮、卫衣男连帽等，这样商家便可以找到匹配商品的精准词（见图 2-14）。

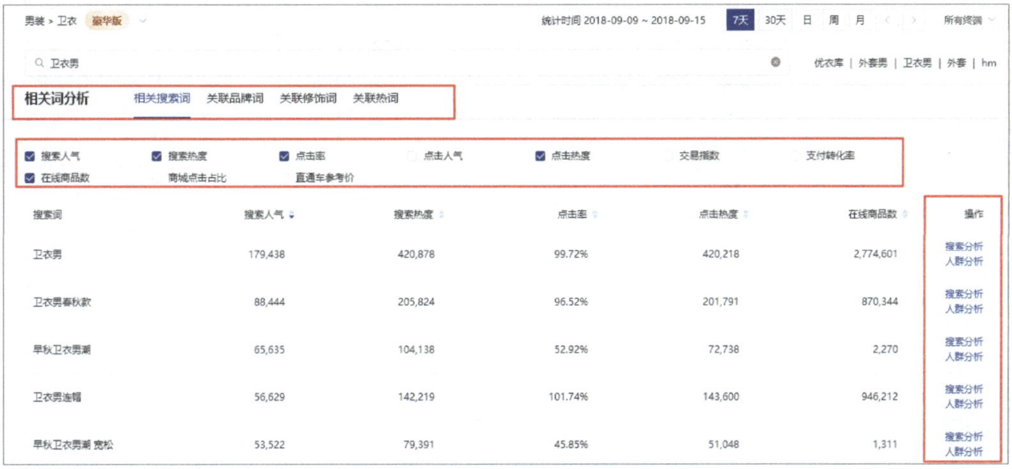

搜索词	搜索人气	搜索热度	点击率	点击热度	在线商品数	操作
卫衣男	179,438	420,878	99.72%	420,218	2,774,601	搜索分析 人群分析
卫衣男春秋款	88,444	205,824	96.52%	201,791	870,344	搜索分析 人群分析
早秋卫衣男潮	65,635	104,138	52.92%	72,738	2,270	搜索分析 人群分析
卫衣男连帽	56,629	142,219	101.74%	143,600	946,212	搜索分析 人群分析
早秋卫衣男潮 宽松	53,522	79,391	45.85%	51,048	1,311	搜索分析 人群分析

图 2-14　类目搜索词的相关词分析

商家通过相关搜索词可了解行业词的容量和竞争度，从而确定市场操作的可行性。商家根据关键词在类目下获取流量的多少，来分析关键词使用在什么类目可以获取最优质的流量，关键词在哪个类目人气越高，越适合将商品布局到该类目下，例如，在“卫衣男”关键词下，数据结果显示点击人气和点击人数占比最高的是男装类目，点击人气和点击人数占比排名第二的是“运动服/休闲服装”，因此，关键词使用上可以优先使用“男装”类目，其他类目也可以使用，只是点击人气会偏低、点击人数占比会偏小，精准度也会偏低（见图 2-15）。

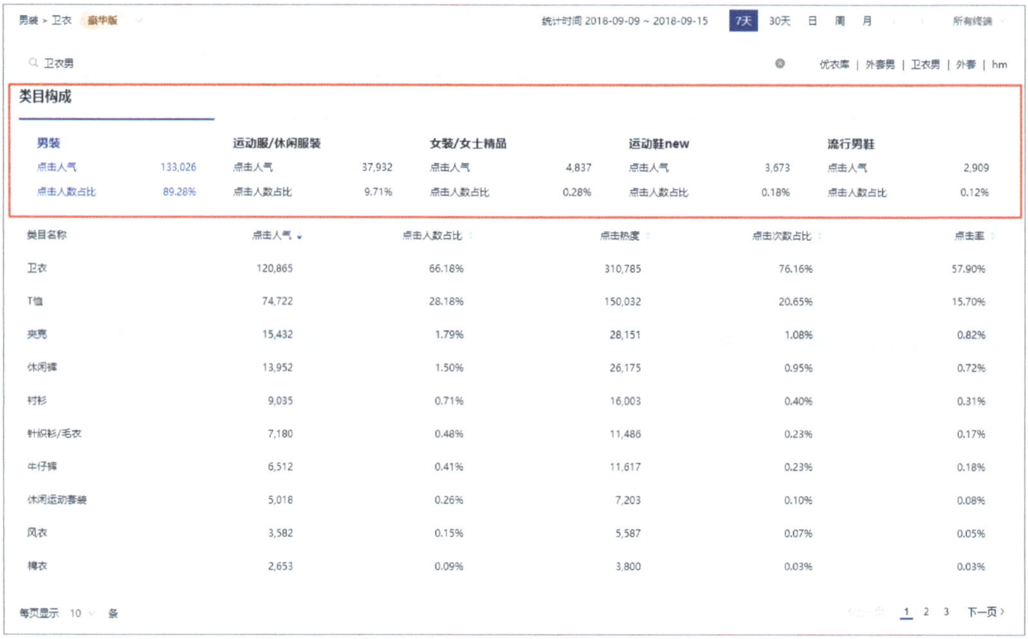
男装 > 卫衣 豪华版
统计时间 2018-09-09 ~ 2018-09-15 7天 30天 日 周 月 所有终端
卫衣男
优衣库 | 外套男 | 卫衣男 | 外套 | hm

类目构成

男装		运动服/休闲服装		女装/女士精品		运动鞋new		流行男鞋	
点击人气	133,026	点击人气	37,932	点击人气	4,837	点击人气	3,673	点击人气	2,909
点击人数占比	89.28%	点击人数占比	9.71%	点击人数占比	0.28%	点击人数占比	0.18%	点击人数占比	0.12%

类目名称	点击人气	点击人数占比	点击热度	点击次数占比	点击率
卫衣	120,865	66.18%	310,785	76.16%	57.90%
T恤	74,722	28.18%	150,032	20.65%	15.70%
夹克	15,432	1.79%	28,151	1.08%	0.82%
休闲裤	13,952	1.50%	26,175	0.95%	0.72%
衬衫	9,035	0.71%	16,003	0.40%	0.31%
针织衫/毛衣	7,180	0.48%	11,486	0.23%	0.17%
牛仔裤	6,512	0.41%	11,617	0.23%	0.18%
休闲运动套装	5,018	0.26%	7,203	0.10%	0.08%
风衣	3,582	0.15%	5,587	0.07%	0.05%
棉衣	2,653	0.09%	3,800	0.03%	0.03%

每页显示 10 条　1 2 3 下一页

图 2-15　类目搜索词分布数据

2.3.3 搜索关键词属性分析

商家根据生意参谋的市场热搜排行榜数据，针对细分类目数据进行方向性采集，可得类目搜索词属性分布数据（见图 2-16）。例如，商家根据“卫衣男、春秋款、情侣”等关键词，可了解市场关键词的容量分布在哪些核心属性上面，以及类目下的市场人群需求，从而进行关键词数据提升工作安排，促进店铺搜索关键词数据的提升。如图 2-16 所示，在 9 月份，男装卫衣类目下的“情侣卫衣”搜索词的搜索人气排名为第七，“卫衣男连帽”搜索人气排名为第九。关键词使用的时候，商家可以重点考虑搜索需求较高的关键词，注意不可以使用品牌词，不然会有售假扣分的风险。使用关键词时，商家需要注意关键词和商品之间的匹配度：春秋款卫衣，使用方向跟衣服厚度有关系；情侣卫衣使用方向，一定是包含男女款。商家使用关键词的时候与商品的匹配越高，流量效果就越好。根据搜索需求，商家可以得出结论：卫衣市场对情侣卫衣、连帽卫衣的需求较强。店铺可以针对情侣卫衣、连帽卫衣进行重点分析，考虑其对应的商品，从而提升店铺在细分市场的搜索需求，获取细分产品的搜索流量。

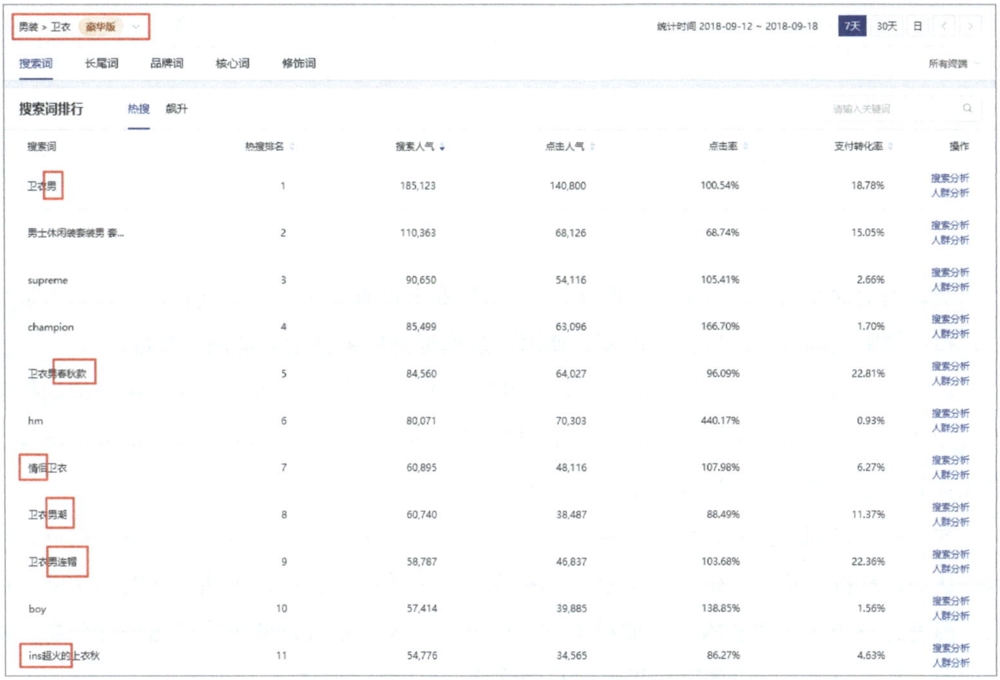

图 2-16　类目搜索词分布数据

同时，在做此类分析时，要知道历史数据的局限性，如果现在是 10 月份，即使知道这些细分特征，也不建议进行针对产品的营销活动，因为市场节奏已经晚了，商家只能保存类似数据，在第二年的冬末春初和夏末秋初时，对产品进行新的布局。同时，商家也要结合对生活的理解来分析数据，如"月饼"这个产品在中秋节前搜索频率和转化率较高，但中秋节过后，整体的搜索和成交量就成断崖式下降，商家如果只依据高涨的数据就会导致盲目入场，是不明智的选择。

2.3.4　搜索人群分析

商家对类目关键词数据进行对比分析（见图 2-17），可以确定关键词的使用方向。关键词数据分析是对市场容量背后的人群数据的进一步了解，同时商家按照时间周期进行关键词数据对比分析，可基于关键词数据变化规律，进行关键词的选择。

图 2-17　类目关键词数据对比分析

　　类目关键词性别对比分析（见图 2-18），是指商家可查看每个关键词背后的搜索人群特征，根据搜索人群特征，进行关键词的使用，从而提升店铺搜索人群的精准度。

　　例如，"国潮"关键词的搜索人气女性用户低于男性用户，"国潮卫衣"关键词的搜索人气女性用户大于男性用户。商家在使用关键词的时候，可以根据核心关键词的人群特征，来优化商品上新类目，以提升关键词的使用精准度。

　　如果在关键词搜索人群中，男性比例较高，视觉、主图、文案可以适当呈现数量、指标、认证、标准、检验、销量等信息；如果女性比例较高，视觉、主图、文案则倾向于情感、温度、色彩等方面的内容。如果男女比例差别不大，则可以考虑将产品进行分层，将类似的产品一分为二，有的针对男性用户做优化，有的针对女性用户做优化。

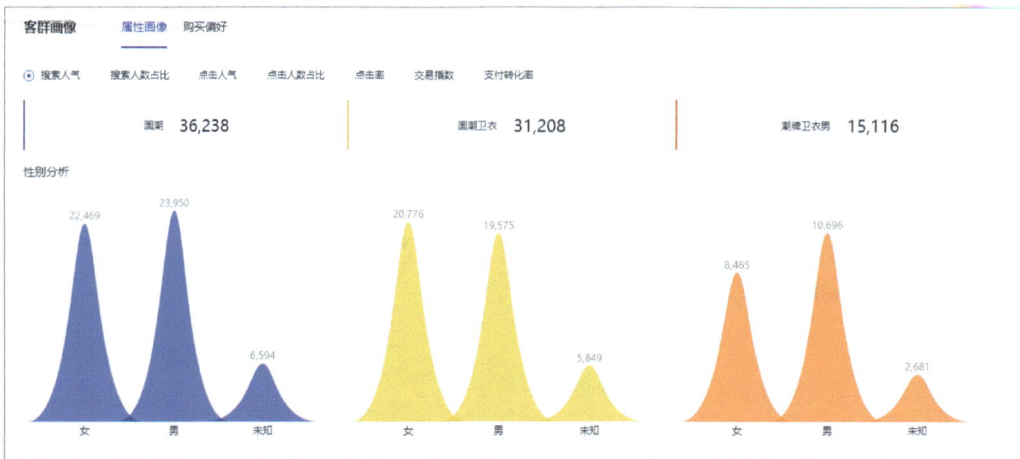

图 2-18　类目关键词性别数据对比分析

　　类目关键词品牌偏好数据分析（见图 2-19），是指商家通过查看关键词下的品牌偏好人群数据，了解关键词人群品牌的偏好方向，从而店铺在使用关键词的时候可以针对用户偏好品牌，进行参考学习，了解背后品牌的商品视觉、客单价，从而进行自身店铺商品视觉、客单价的调整优化。

　　商家了解关键词购买品牌偏好数据，可以进行关键词品牌偏好分析，了解品牌的商品视觉、营销方法，从而提升自身店铺在关键词下的竞争力，提升自身店铺商品在关键词下的转化率，最终提高销售额。

　　例如，商家可以根据关键词去搜索这个品牌的商品，了解用户对品牌的喜好是什么，还可以用竞争品牌的商品跟自己店铺的商品进行参考对比，避开品牌商品的优势，挖掘自身店铺的商品优势，并且进行关键词营销，从而提升自身店铺在关键词上的竞争力。

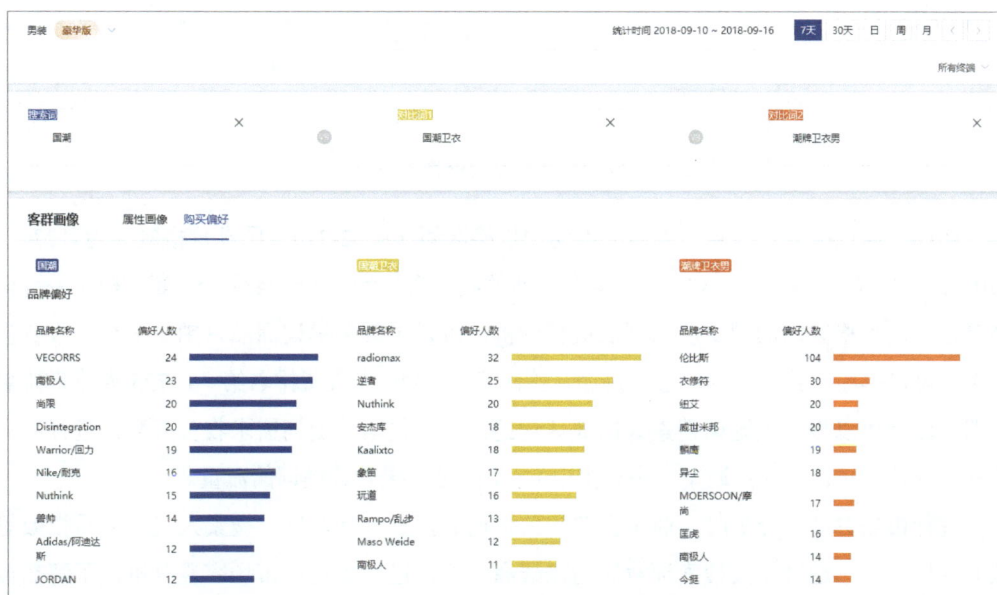

图 2-19　类目关键词品牌偏好数据

　　类目关键词价格市场分析（见图 2-20），是指每个关键词背后会有价格分层，不同价格分层，会有不同的市场体量和竞争产品，商家可根据店铺商品的利润空间，确定自己的商品定价方向，匹配关键词的人群价格区间，以提升流量的精准度。

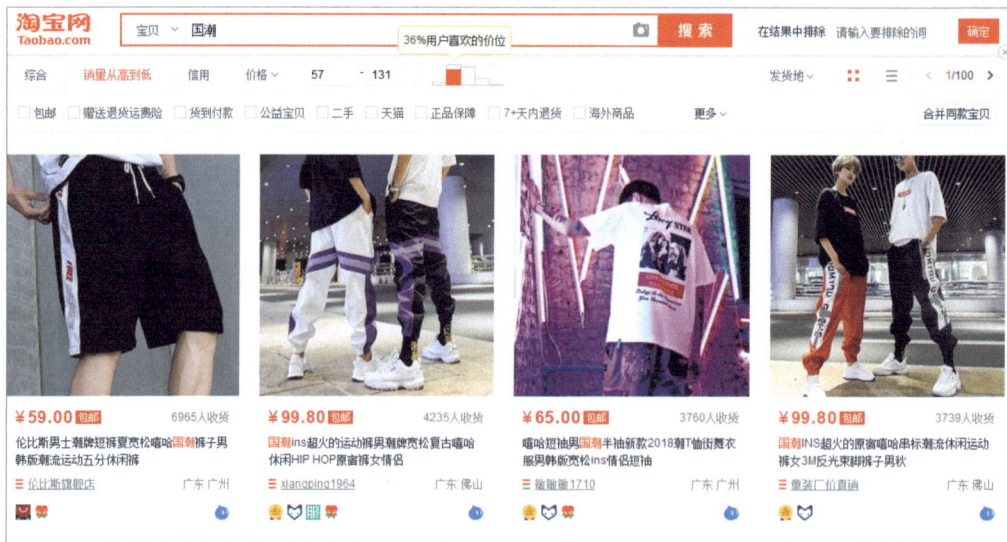

图 2-20 类目关键词价格市场分析

例如，通过搜索"国潮"来体现不同的价格区间（图 2-21），国潮价格区间为"270～520 元"的，有 15%的人喜欢，销量排名前四的收货数量为 725～2439 个。商家根据关键词商品在不同价格区间的销量从高到低进行分析，可以了解关键词商品月销量多少、收货量多少、可以排序到第几名等信息。例如，国潮商品 2439 人收货排名第一，725 人收货排名第四，店铺可以根据关键词搜索数据制订营销方案，根据关键词需求收货人数，进行商品选择、营销工具推广（直通车、淘客推广），从而可以提升关键词的流量。

进行市场关键词分析时，商家会关注关键词的搜索排行数据、搜索人气、交易指数等核心数据。商家通过相关搜索词背后的在线商品数，进一步进行市场容量分析，了解热搜词背后的市场情况，最后依据关键词人群特征来确定关键词的使用方向，了解市场容量的方向，完成对市场容量的分析。

【案例】以食品类目的"螺蛳粉"为案例进行解析。

第一步：商家可使用生意参谋对"螺蛳粉"市场相关搜索词数据进行分析（见图 2-22），找到自身店铺需求的关键词："螺蛳粉""螺蛳粉柳州正宗包邮""柳州螺蛳粉""广西柳州正宗螺蛳粉"，然后针对店铺进行市场关键词数据分析，查看关键词的市场搜索需求。

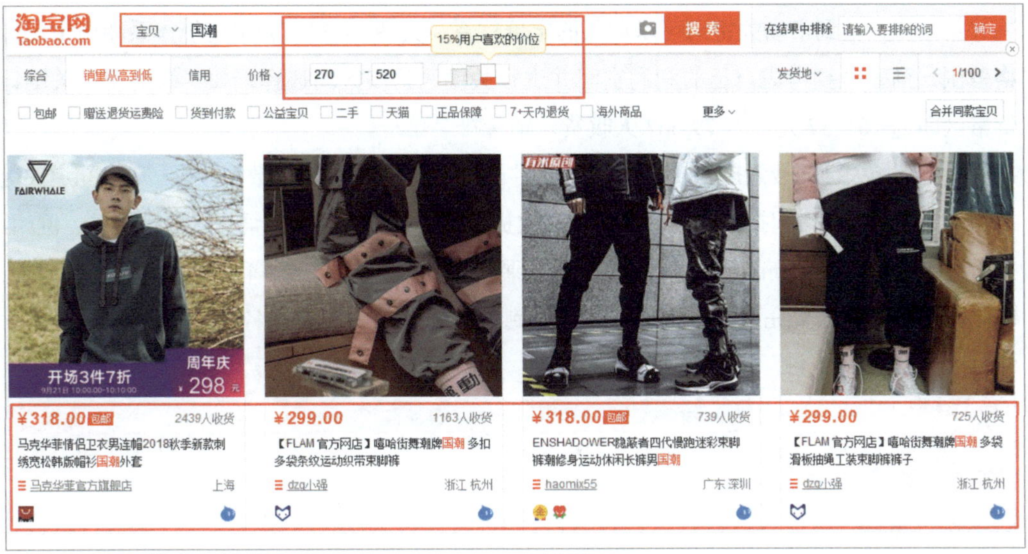

图 2-21　类目关键词价格人群销量数据分布情况

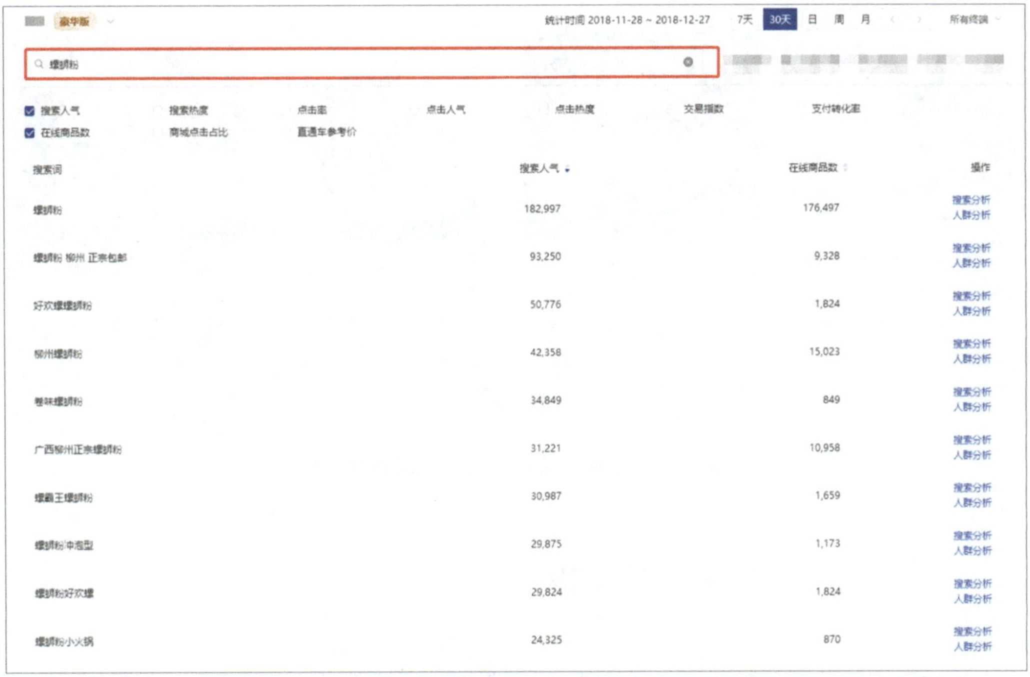

搜索词	搜索人气	在线商品数	操作
螺蛳粉	182,997	176,497	搜索分析 人群分析
螺蛳粉 柳州 正宗包邮	93,250	9,328	搜索分析 人群分析
好欢螺螺蛳粉	50,776	1,824	搜索分析 人群分析
柳州螺蛳粉	42,358	15,023	搜索分析 人群分析
螺味螺蛳粉	34,849	849	搜索分析 人群分析
广西柳州正宗螺蛳粉	31,221	10,958	搜索分析 人群分析
螺霸王螺蛳粉	30,987	1,659	搜索分析 人群分析
螺蛳粉冲泡型	29,875	1,173	搜索分析 人群分析
螺蛳粉好欢螺	29,824	1,824	搜索分析 人群分析
螺蛳粉小火锅	24,325	870	搜索分析 人群分析

图 2-22　“螺蛳粉”市场关键词数据分析

第二步：找到市场关键词可以切入的定价体系（见图2-23）。如果定价体系超出市场价格范围，商家就要考虑自己的利润空间并进行关键词价格区间选择，如"螺蛳粉"关键词价格区间为16~37元，有79 667人收货，销量排名第一。

根据市场关键词搜索排名，进行关键词不同价格区间、市场销量数据分析，可以知道关键词的市场容量，商家根据关键词的客单价和收货人数，可以了解关键词月度的销售额。例如，排名第四的"螺蛳粉"商品，销售额等于客单价乘以收货人数，即29.9×47 230=1 412 177（元），以此商家可了解需要完成多少销售额才能达到关键词商品的销量排名。

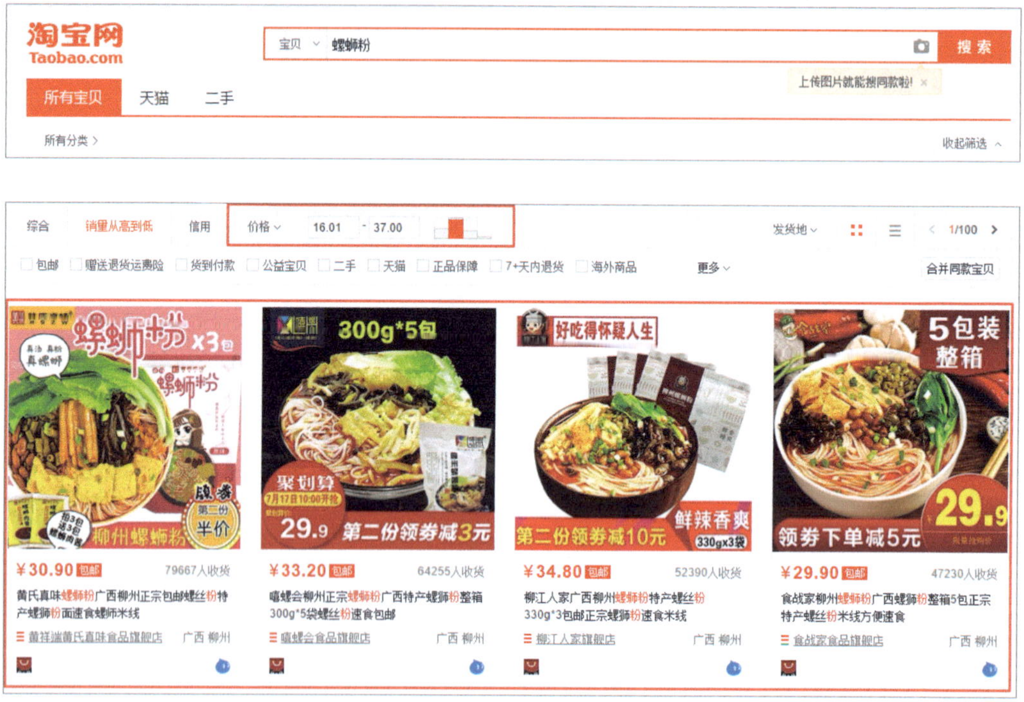

图2-23　螺蛳粉关键词价格区间销量分析

2.4　市场品类结构数据分析

商家对市场品类上新进行时间规划，并且针对大促活动进行营销规划，有助于对自己所属行业品类进行数据分析。商家通过对市场大盘品类按月支付金额占比数据进行分析，得出每个品类每月的交易情况，从而生成大盘品类数据分析表，同时可根据大盘品类数据分析，进行品类数据规划。商家以月为单位进行品类交易指数数据采集，可以了解品类每个月的交易指数，得出类目的上升期、爆发期、衰退期的数据变化情况（见表 2-5）。

表 2-5　大盘类目数据分析表

排序	行业名称	1月	2月	3月	4月	5月	6月	7月	8月	9月	10月	11月	12月	
	大盘类目数据分析：举例：2017年-男装大盘子类目交易排行													
1	T恤	上升期			爆发期					衰退期				上升期
2	休闲裤		上升期			爆发期			疲劳期		衰退期			爆发期
3	风衣		爆发期			上升期				爆发期		衰退期		衰退期
4	夹克	上升期		爆发期				上升期			爆发期	衰退期		
5	牛仔裤					全年品类-任一时间点应季切入								
6	衬衫		上升期				爆发期				衰退期			
7	羽绒服	爆发期			衰退期					上升期		爆发期		
8	针织衫/毛衣	爆发期			衰退期				上升期			爆发期		
9	棉衣	爆发期			衰退期					上升期		爆发期		
10	卫衣	衰退期		爆发期		衰退期		上升期			爆发期		衰退期	
11	皮衣	爆发期		衰退期					上升期		爆发期			
12	毛呢大衣	爆发期			衰退期					上升期		爆发期		
13	套装	衰退期	上升期				爆发期				衰退期			
14	西服	衰退期		爆发期					上升期		爆发期		上升期	
15	背心/马甲				全年品类-任一时间点应季切入									
16	西服套装		爆发期			衰退期			上升期		爆发期		衰退期	
17	Polo衫	衰退期	上升期			爆发期					衰退期			
18	西裤	0.46%	0.48%	0.54%	0.55%	0.71%	0.87%	0.73%	0.62%	0.58%	0.37%	0.43%	0.31%	交易占比较低类目 不做规划
19	民族服装	0.43%	0.32%	0.36%	0.36%	0.47%	0.57%	0.50%	0.40%	0.43%	0.28%	0.21%	0.25%	
20	羽绒裤	0.13%	0.03%	0.01%	0.00%	0.00%	0.00%	0.01%	0.03%	0.03%	0.08%	0.17%	0.28%	
21	皮裤	0.08%	0.04%	0.02%	0.01%	0.01%	0.01%	0.01%	0.02%	0.04%	0.09%	0.10%	0.12%	
22	棉裤	0.05%	0.02%	0.02%	0.01%	0.01%	0.01%	0.01%	0.01%	0.03%	0.05%	0.06%	0.09%	

大盘品类对比店铺品类销售数据分析（见表 2-6），是指商家根据店铺本身的品类销售数据、核心品类销售数据、支付转化率数据，与品类大盘的数据进行对比分析，找到品类拓展和提升的方向，提升店铺品类的丰富度。例如，某时期男装市场 T 恤占比排名第一，而店铺 T 恤商品销售额却比较低，这时就建议商家增加 T 恤的上新数量，以提升店铺在 T 恤市场的销售额。

表 2-6　店铺品类销售数据

2018 年	一级类目	二级类目	叶子类目	支付金额占比/%	支付金额/元	支付买家/个	支付转化率/%
1 月	男装	休闲裤	休闲裤	19.53	447 821.58	1955	2.58
		T 恤	T 恤	1.30	29 799.34	364	2.05
		针织衫/毛衣	针织衫/毛衣	4.10	94 000.92	476	1.23
		夹克	夹克	15.15	347 383.84	1616	2.25
		卫衣	卫衣	6.00	137 668.3	965	2.29
		牛仔裤	牛仔裤	2.67	61 185.27	291	1.33
		Polo 衫	Polo 衫	0.01	283.26	3	0.09
		衬衫	衬衫	5.83	133 695.93	721	1.89
		背心/马甲	背心/马甲	4.59	105 334.34	467	1.53

续表

2018 年	一级类目	二级类目	叶子类目	支付金额占比/%	支付金额/元	支付买家/个	支付转化率/%
1 月	男装	风衣	风衣	3.44	78 899.42	347	1.07
		皮衣	皮衣	0.27	6299.65	5	0.08
		棉衣	棉衣	10.05	230 487.81	853	1.40
		羽绒服	羽绒服	13.19	302 325.4	632	1.44
		毛呢大衣	毛呢大衣	13.41	307 457.01	632	1.45

品类上新规划即针对类目销售额目标规划上新数量（见表 2-7），商家依据店铺主营类目数据、销售额占比数据进行分析，提前做好店铺下一季度、下一年度的品类上新规划，提前做好上新工作安排。商家根据市场年度品类交易指数排序，对比自身店铺的品类销售数据，然后针对在线数量少的商品，进行品类商品补充，从而提升店铺的销售量。

表 2-7 男装类目品类数量规划

排序	一级类目	上新数量/件	占比
1	男装休闲裤		
2	男装卫衣		
3	男装羽绒服		
4	男装棉衣		
5	男装针织衫		
	合计		

商家根据行业品类周期营销数据，了解类目行业的特性和特质、营销节奏，行业随季节、节日、地域、气温、价格的变化情况，从而制订出全年的营销规划。

行业品类周期数据分析即年度品类活动节奏分析（见表 2-8），商家通过了解类目行业的活动节奏，提前做好店铺类目上新规划。商家按年进行时间节点布局，可以有效地把握产品的上新、推广、补货和清仓的节奏，从而有效地把握品类的销售周期。

表 2-8 年度品类活动节奏表

1 月	2 月	3 月	4 月	5 月	6 月	7 月	8 月	9 月	10 月	11 月	12 月
	春季（连衣裙、风衣、衬衫、小西装、皮衣、T恤、时尚套装、雪纺衫、蕾丝衫）										

续表

1月	2月	3月	4月	5月	6月	7月	8月	9月	10月	11月	12月
	春装爆发	3.6~3.8 女王节 3.21~3.23 春夏新风尚活动 测款、销量提升	春装清仓								
		夏季（连衣裙、T恤、时尚套装、衬衫、空调衫、雪纺衫、蕾丝衫）									
		夏季上新	销量提升	夏装爆发	6.16~6.18年中大促夏装爆发	夏装清仓					
						秋季（连衣裙、针织衫、开衫、风衣、小西装、皮衣、毛呢外套、套装）				秋季清仓	
冬装清仓						秋装上新	8.26~8.28秋焕新 秋装销量提升	秋装爆发			冬季清仓
冬季								冬季（羽绒服、棉衣、毛呢外套、毛衣、连衣裙）			
1.6~1.8 年货节 春装销量提升								冬装上新	销量提升	"双11"活动	"双12"活动 春装上新

以 T 恤类目商品为例（见图 2-24），其年度周期为：2 月到 4 月上升，4 月到 7 月爆发，8 月到 9 月衰落，因此相对应的涉及产品选款、测试图片的工作就要在 2 月之前完成。商家在 2 月到 3 月就要通过营销活动，帮助单品实现一些基础销量，然后商家根据产品特性和用户特征制订自己的营销方案，通过直通车、钻展（钻石展位）、淘宝客等单一或者组合的推广方式将自己的营销内容触达给符合自己产品定位人群的消费者，以期望尽早推出爆款；6~7 月时需要开始考虑秋冬款服装的选款和原始销量问题；当 8~9 月时，产品进入衰退期，商家就要缩减这款产品的付费推广预算（将预算考虑留给秋冬款产品），考虑提前搞活动清仓，快速回笼资金，并将流量有意识地分配给秋冬新款产品，实现资金的良性循环。

　　羽绒服类目则有不一样的类目周期（见图 2-25）。羽绒服是受季节影响比较大的一个类目，商家既要参考去年的交易数据变化，又要在当年的 7～9 月，查看市场趋势，进行羽绒服的产品上新测试，在 10～12 月进行羽绒服的营销推广，在 1 月进行羽绒服的收尾工作。商家要根据交易趋势进行工作安排，特别对于受时间周期影响特别大的品类，可以重点查看品类交易趋势的变化情况，提前做好工作安排。

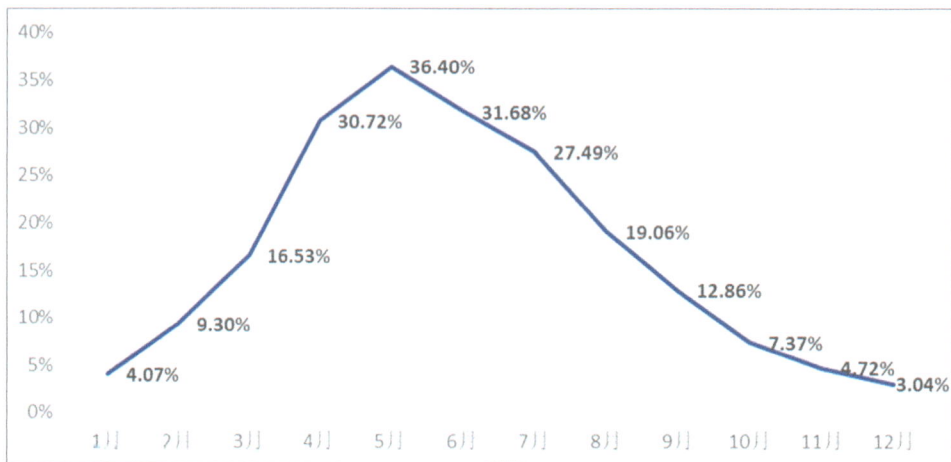

图 2-24　T 恤类目年度销售曲线图

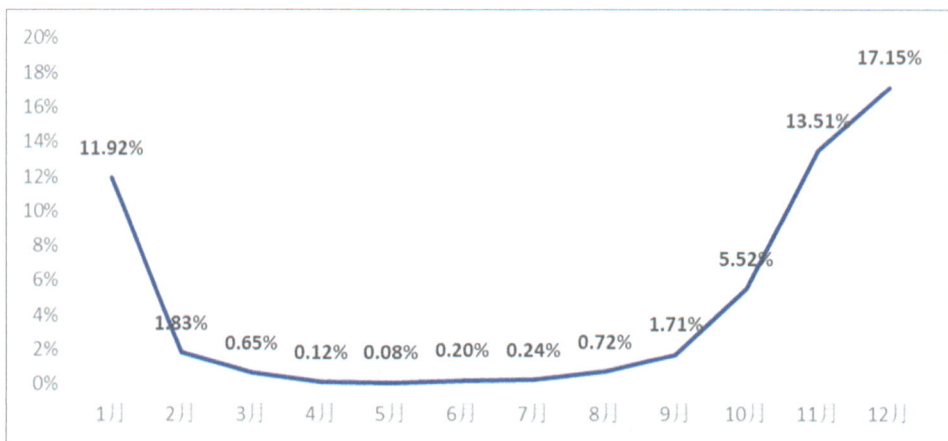

图 2-25　羽绒服类目年度销售曲线图

　　商家可根据品类商品生命周期、销量成长周期，实现对品类商品销售的提升和运维，具体情况如下。

　　测款期，核心数据工作是确认这个产品能不能卖、卖给谁、想怎么卖。（参考本书 2.2.1 节 "市场行情数据分析" 的相关内容）

　　新品期，核心数据工作是使用户触达测款商品，进行新品数据反馈。（参考本书 5.2.1 节 "明确营销需求" 的相关内容）

　　推广期，核心数据工作是活动营销搭配活动数据分析，进行推广数据反馈。（参考本书 5.2.2 节 "产品测试" 的相关内容）

　　成熟期，核心数据工作是确保商品库存数据反馈、售卖数据反馈，从而控制商品库存。（参考本书 8.2.1 节 "店铺营销数据的监控" 的相关内容）

　　衰退期，核心数据工作是针对数据反馈，将折扣力度放大，进行库存售卖。（参考本书 8.3 节 "数据营销复盘" 的相关内容）

本章小结

　　本章主要阐述了市场数据分析对电商企业的重要性，以及进行市场数据分析的一些基本方法，以帮助企业更好地确定品牌、品类商品的上新数量和营销方向。值得注意的是，数据是历史行为的呈现，在解读数据时，商家必须考虑到数据本身的局限性，经济环境、气候变化、社会热点、时尚元素都有可能对当下和未来的消费行为产生影响。商家要结合自己的经验，分析历史数据对今天和未来工作的指导意义，不可不用数据，也不可盲目依从数据。对于新手商家来说，更要结合自己的供应链、经营能力、资金实力去设计自己的营销方案。商家要了解没有绝对的热门产品，也没有绝对的冷门产品。热门产品销量大，有可能竞争大；冷门产品销量少，有可能利润高，商家务必要综合考量。

本章习题

　　1. 简述商家进行市场大盘数据分析的主要目的。

　　2. 简述商家进行市场大盘分析的主要分析内容。

3．商家进行市场大盘分析，往往建议采集市场大盘近 3 年的数据，请问这是为什么？

4．某男装店铺只卖休闲裤，销售额每天已经达到 5 万～6 万元，现在需要进行品类拓展，请问他应该如何进行市场品类分析？

5．某食品类目店铺，根据市场分析，发现某一细分类目数据增长明显，请问他需要考虑哪些因素来进入这个品类？

第 3 章

市场竞争
数据分析

3.1　什么是市场竞争数据分析

市场竞争数据分析主要是指商家对竞争品牌、竞争店铺、竞争商品进行数据采集和分析，主要针对竞争对手的商品结构、流量结构和营销模式进行分析，最后通过数据对比，找到自身店铺提升点的过程。

对于许多中小卖家来说，关注品牌的动向，是重要的学习手段，最好的老师往往就是他们的同行，而排名靠前的店铺又具有行业的代表性。通过对这些店铺进行详细的分析，商家便可以充分借鉴行业内的先进经验，帮助自己找到正确的方向。

3.2　市场竞争品牌分析

在市场竞争品牌分析中，把同一行业中企业品牌相似、价格区间相近、目标客户类似的企业称为竞争品牌者。竞争品牌者之间的产品相互替代性较高，因而竞争非常激烈，各企业均以培养客户品牌忠诚度作为争夺客户的重要手段。市场竞争品牌分析以品牌数据排名、品牌视觉调性为参考，进行品牌数据采集，找到品牌之间的数据差异，从而进行竞争品牌数据分析。商家通过品牌数据分析，可以深入了解品牌营销的方式、方法，能为自身店铺营销提供参考。

商家通过生意参谋市场排行数据，按照时间周期可以了解细分父类目下的子类目的品牌排行数据，进而获得细分类目的品牌排序。商家通过品牌数据排序，可以找到细分类目下的高交易品牌和高流量品牌（见图 3-1），这样便可以精准找到和自己品牌相似的品牌进行数据监控和数据分析，获得行业优质品牌的数据运维方法，从而找到自己品牌可以提升的方向。

例如，在图 3-1 中的男装卫衣市场，根据品牌排行数据，2018 年 12 月份的高交易数据，可以知道排名前三的品牌分别是 CHAMPION、南极人和优衣库。而且可以看出品牌交易指数的数据差距，CHAMPION 交易增长幅度较上月下降了 31.7%，行业排名上升了 1 名。商家通过品牌排名数据，可以了解男装卫衣品牌交易指数数据，而通过品牌数据变化，可以进一步进行品牌监控分析。

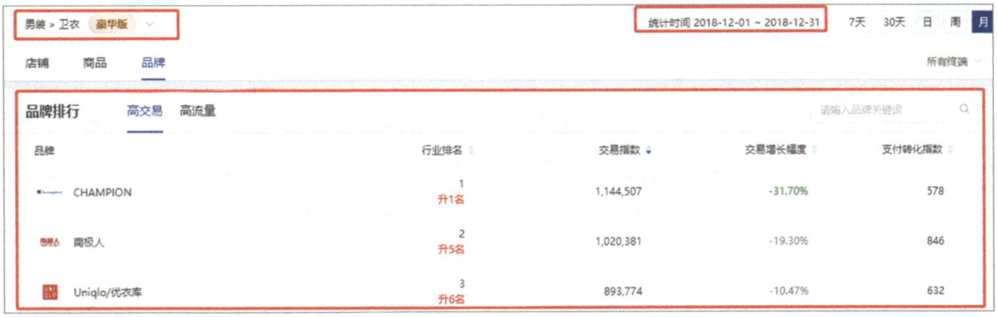

图 3-1 品牌排行数据分析

3.2.1 市场竞争品牌监控分析

市场竞争品牌监控分析是指商家通过生意参谋工具，可以将选中的品牌按时间周期进行数据监控，从行业排名、收藏人气、加购人气、支付转化指数、交易指数等方面进行数据对比分析。商家根据店铺之间流量指数、收藏人气、加购人气数据的不同，找到和竞争店铺存在的差异，从而进行店铺数据的优化提升（见图 3-2）。

商家使用市场竞争品牌监控分析，可以按照时间周期，了解竞争品牌的数据。商家通过掌握竞争品牌的排名变化、交易指数变化情况，可以及时了解竞争品牌动态，进而了解品牌市场的变化。

图 3-2 品牌监控列表数据分析

3.2.2 市场竞争品牌识别分析

市场竞争品牌识别分析是指商家通过生意参谋，根据店铺品牌定位，按照时间周期、品牌人群价格进行竞争品牌推荐。市场竞争品牌识别分析主要从四个维度为店铺进行潜力品牌推荐，这样根据系统抓取的竞争品牌，商家便可以找到自身的参考对象了（见图3-3）。

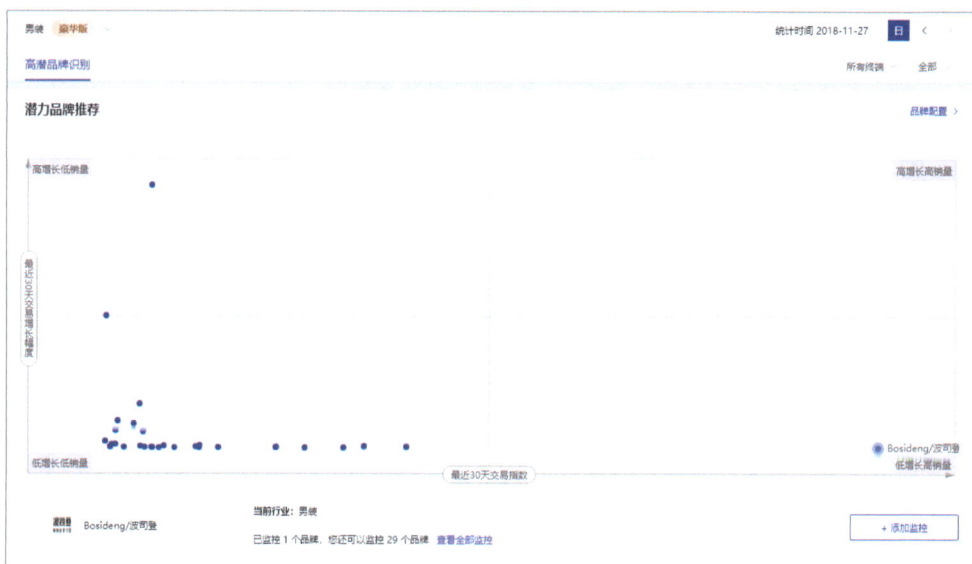

图 3-3　品牌维度数据分析

第一个维度是高增长低销量，主要是找到行业增长速度较快的品牌。

第二个维度是高增长高销量，系统会将品牌力相对来说更强一点的品牌推荐给店铺做数据参考。

第三个维度是低增长低销量，这类店铺集中度比较高，销量排名提升比较缓慢，商家可以选择性地找到店铺的类似品牌进行数据分析。

第四个维度是低增长高销量，对于这类销量运维能力强的品牌，商家可以进行品牌分析，了解品牌细分的数据情况。

商家利用竞争店铺竞品识别工具，帮助自身店铺从四个维度进行竞争店铺查询，通过品牌店铺之间的对比，来确定自身店铺的竞争店铺，从而可以进行竞争店铺数据监控，了解竞争对手的数据变化情况。

3.2.3　市场竞争品牌数据分析

市场竞争品牌数据分析，是指商家通过分析竞争品牌的品类结构数据、商品数据，找到竞争品牌的优势所在，然后学习竞争品牌的优势，合理调整并优化自有品牌的营销策略、推广策略，从而提升自身品牌的行业竞争力。

品牌数据对比分析（见图 3-4）：商家通过数据对比，了解品牌之间的交易指数、流量指数、搜索人气、收藏人气等具体数值的差异，寻找自身店铺提升的方向。通过品牌与品牌之间的对比，商家可以了解竞争品牌数据之间的差距，从而做好数据的提升安排。例如，从图 3-4 我们可以看出两个品牌之间，交易指数差距明显，"品牌 1" 交易指数是 209 107，"品牌 2" 交易指数是 70 584。在此对比基础上，商家可以查看流量差距、收藏加购数据差距，通过对比数据差距，找到需要提升的数据进行优化。"品牌 1" 的搜索人气为 44 955，"品牌 2" 的搜索人气为 22 521，如果按照数据推算，"品牌 2" 的搜索人气约为 "品牌 1" 的 50%左右，而 "品牌 2" 的流量指数和收藏人气只有 "品牌 1" 的 43%～44%，那么意味着在两个品牌之间差距是多方面的，尤其是在整体流量结构上 "品牌 2" 偏弱。因此，商家如果想尽快优化店铺流量结构数据，需要优先考虑主搜之外的流量，包括活动、内容、站外等方面的流量。

图 3-4　品牌数据对比分析

商品数据对比分析（见图 3-5）：商家通过了解商品的数据，找到店铺的核心品类结构和商品销售结构，从而可以挖掘出竞争品牌的优势，找到自有品牌可以提升数据的方向。品牌对比主要是对比 TOP 商品的数据，对比内容主要包含交易指数数据、流量指数数据，商家通过这些可以了解竞争品牌的商品交易情况，并与自身店铺热销单品进行数据对比分析。商家通过了解品牌 TOP 商品的整体流量分布和成交分布情况，能更加具体地找到自有品牌的提升方向。另外，商家通过了解所属店铺商品的交易指数排序，可以了解竞争品牌商品整体的交易指数，例如，"品牌 1"商品的交易指数整体偏强，"品牌 2"商品的交易指数偏弱，从而商家可以了解到"品牌 1"的品牌市场竞争力更强。

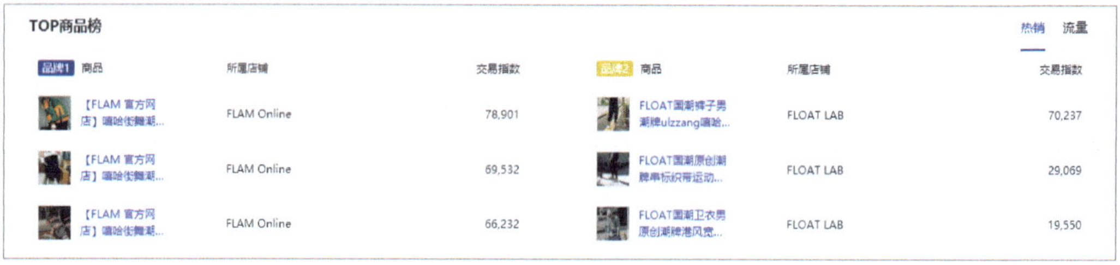

图 3-5　商品数据对比分析

　　品牌商品店铺交易指数分析（见图 3-6）：通过品牌商品店铺分布情况，如店铺数量、分销商数量，商家可以了解品牌市场交易指数、销售总额和市场的占比情况。通过"品牌 1"和"品牌 2"之间的对比，商家可以看出"品牌 1"TOP 店铺榜的排行交易指数，明显高于"品牌 2"的，我们从中可以了解到"品牌 1"的品牌市场力更强。

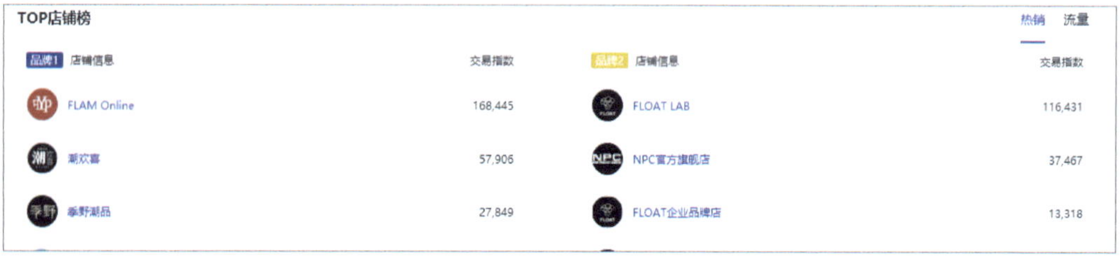

图 3-6　品牌商品店铺交易数据分析

　　竞争品牌的关键成交构成分析（见图 3-7）：通过品牌数据对比分析，商家可以了解竞争品牌的关键成交构成情况、品牌的子类目的支付金额占比情况及竞争品牌核心成交的类目，可以给自身品牌进行品类拓展布局规划提供有效的参考。另外，商家根据竞争品牌支付金额占比较大的类目，进行访客定向投放，获取竞争对手优质的类目精准流量，从而可以提升自有品牌的品类销售额。

　　商家通过竞争品牌价格带支付金额占比情况（见图 3-7），分析品牌之间客单价人群分布情况，了解竞争对手的访客成交人群数据分布情况，根据价格带的匹配度和相似度，进行访客定向的付费投放，从而提升自有品牌的访客数据和销售数据。例如，根据"品牌 1"和"品牌 2"的子类目的支付金额占比数据，整体人群访客价格带的数据匹配情况，商家可以了解"品牌 1"和"品牌 2"的核心成交类目都是休闲裤类目，客户成交客单价主要集中在 260～370 元。另外，商家可以通过直通车投放竞争品牌的品牌词，使用智钻定向投放竞争品牌店铺，从而获取竞争品牌的访客流量。

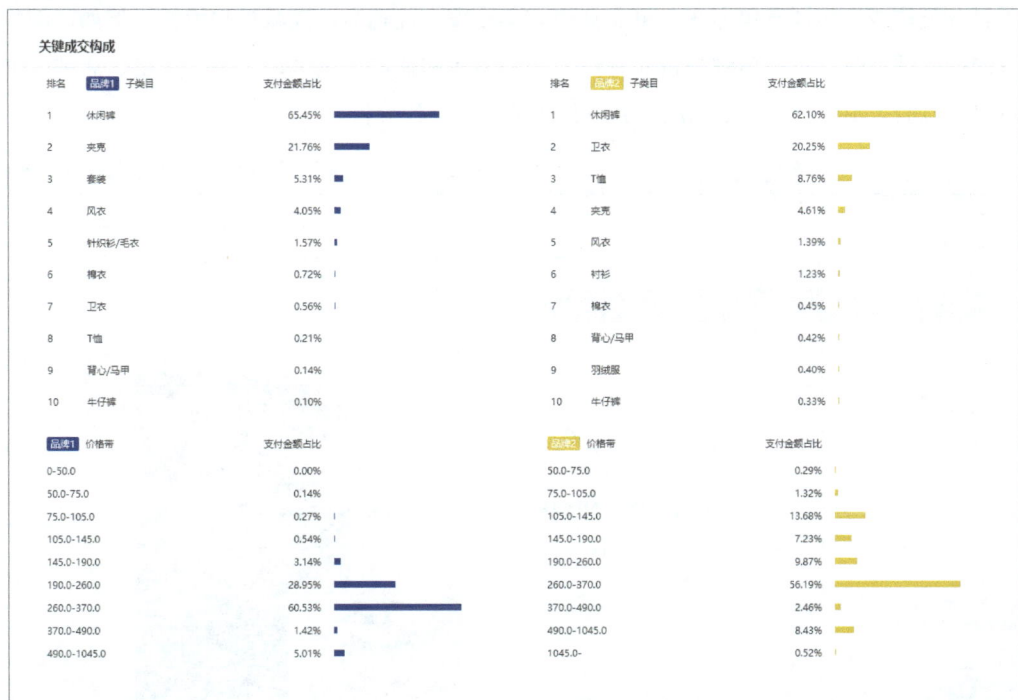

图 3-7　品牌价格带支付金额占比情况

3.3　竞争店铺分析

　　竞争店铺数据分析有 4 个核心要点，即竞争店铺抓取、竞争店铺流量结构数据分析、竞争店铺品类结构数据分析和竞争店铺数据玩法分析。商家根据竞争店铺的数据，了解其运营方式，进而可以有效地调整自身店铺的运营方式。

3.3.1 竞争店铺抓取

商家通过店铺数据抓取，可以了解从哪些维度来寻找自身的竞争店铺。店铺抓取竞争对手的方式有很多，按照关键词、目标人群、产品、价格、所在地、营销活动、视觉拍摄等维度，都可以查找出竞争店铺。

通过对竞争店铺视觉拍摄（见图 3-8）、店铺分类、店铺营销方案等进行分析，商家可以了解竞争店铺的基础数据，主要包括竞争店铺的拍摄方式、详情页设计制作方式、店铺类目分类构成、店铺营销方案、单品营销方案设置、优惠券、满减折扣设置。例如，潮牌方向的店铺，进行竞争店铺分析的时候，会去寻找和他们店铺类型、拍摄风格、店铺人群风格类似的店铺做竞争店铺抓取，并进行店铺数据监控分析。

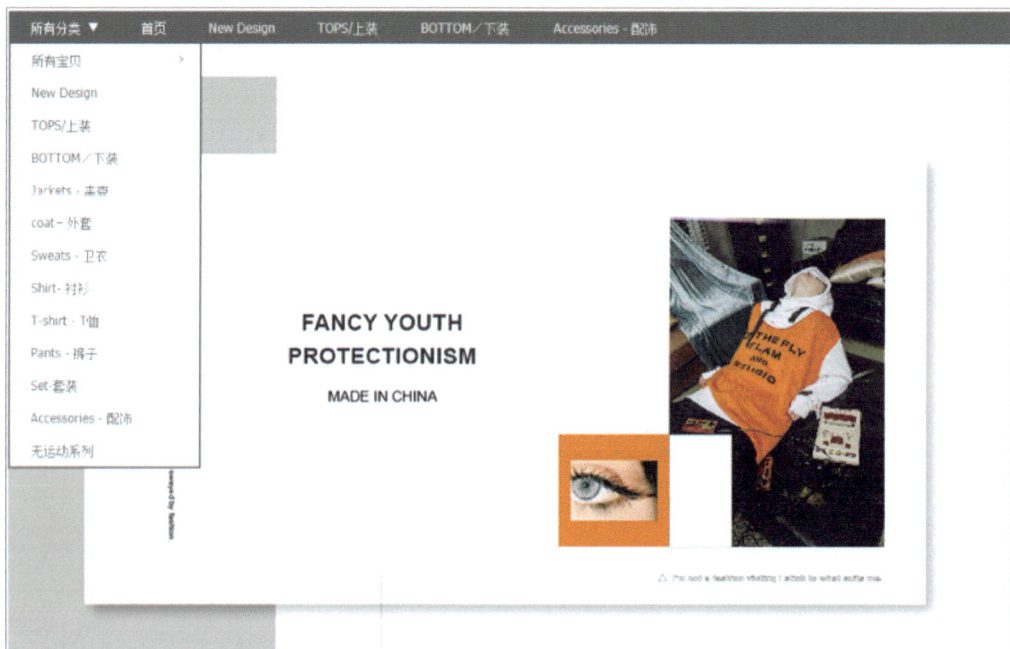

图 3-8　竞争店铺视觉分析

自身店铺做潮牌的时候，可以提取一些潮牌方向的关键词，从淘宝、天猫端进行关键词搜索，去寻找类似品类数据，例如，进行"国潮" 关键词搜索（见图 3-9）。

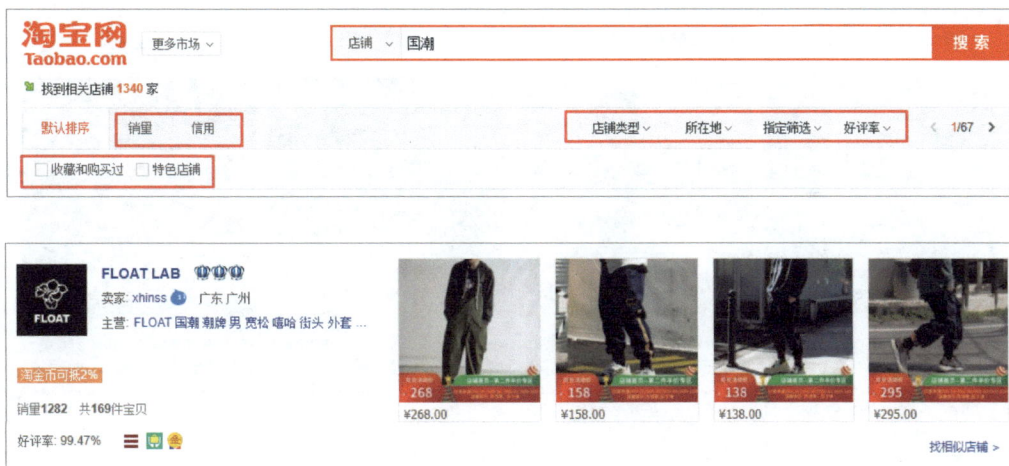

图 3-9　竞争店铺品类数据分析

　　通过抓取店铺品牌，商家可以了解竞争店铺是不是原创品牌，店铺是不是多品牌销售，以及店铺风格、店铺人群定位（人群标签）、店铺属性数据（商品适用季节、适用场景、基础风格）等（见图 3-10）。

图 3-10　店铺属性数据分析

　　通过获取店铺价格、店铺销量、店铺排行情况，商家可以了解竞争店铺商品整体的销量，从而抓取核心商品进行数据对比分析（见图 3-11）。

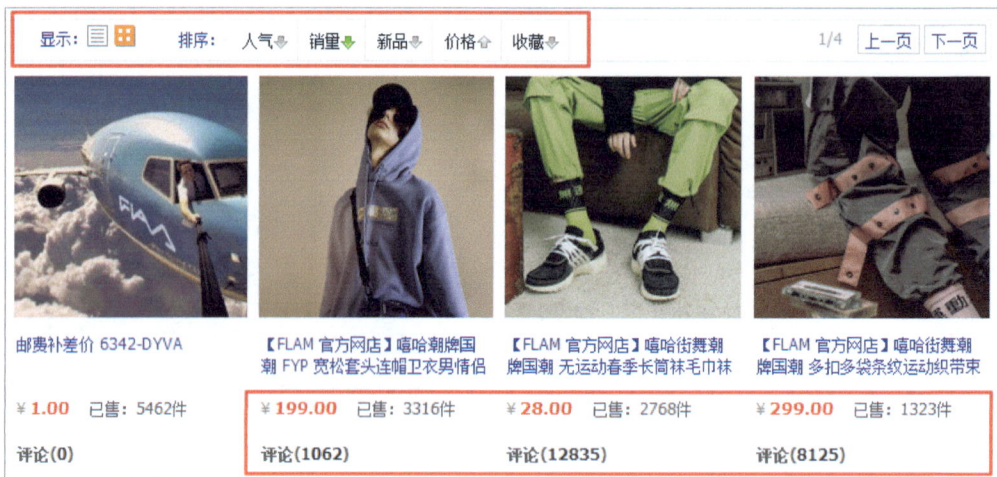

图 3-11　店铺销量数据分析

3.3.2　竞争店铺流量结构数据分析

　　使用生意参谋的市场行情进行竞争店铺数据分析（监控店铺－竞店识别—竞店分析），是指商家通过对同类型店铺进行销售排行数据监控、竞争店铺品类结构数据分析和核心商品销售数据分析，找到数据差异点，然后针对自身店铺数据弱项进行数据提升和优化的过程。

　　通过竞争店铺数据监控，商家可以了解竞争店铺实时、7 天、30 天及周期性的数据，了解竞争店铺流量指数、搜索人气、交易指数、客群指数和行业排名等数据。通过同类型店铺对比，商家可以了解自身店铺数据差异、排名差异，而且可以根据竞争列表数据变化，及时了解竞争品牌数据为什么会突然提升、突然下降，是整体下降，还是个别店铺下降，以此帮助店铺更好地了解竞争店铺的数据状态，从而反馈出自身店铺存在的问题（见图 3-12）。

图 3-12　竞争店铺数据分析

　　商家使用生意参谋的市场行情进行竞争店铺分析（监控店铺—竞店识别—竞店分析），对竞争店铺进行数据匹配，通过流失竞争店铺识别（见图 3-13）、高潜力竞争店铺识别，帮助店铺识别优质的竞争店铺。

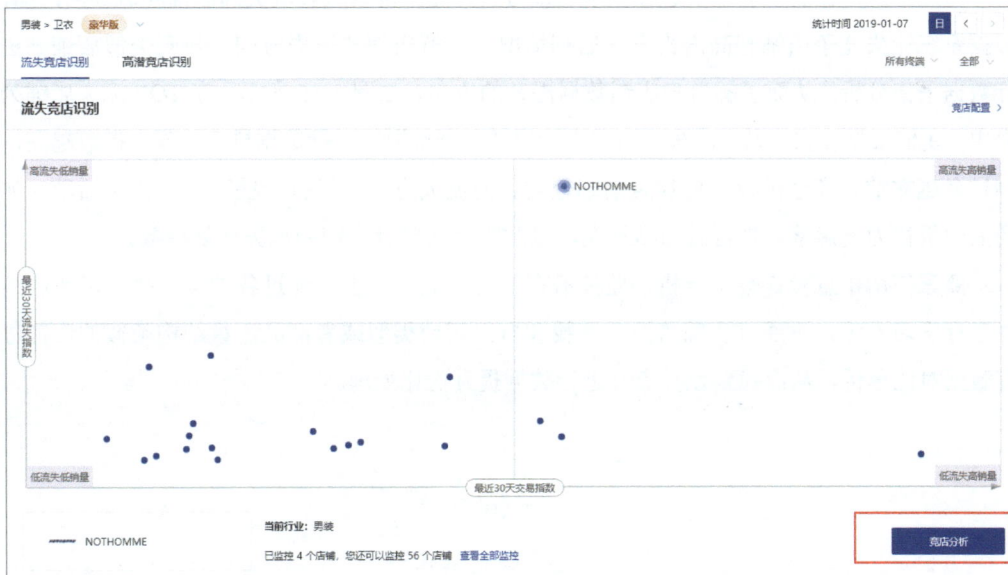

图 3-13　流失竞争店铺识别

　　商家可利用生意参谋工具,根据店铺流量指数、支付转化指数、交易指数等,进行趋势数据分析(见图3-14),了解竞争对手数据的增长情况,了解自身店铺与其数据的差异点,从而对数据弱项进行优化提升。

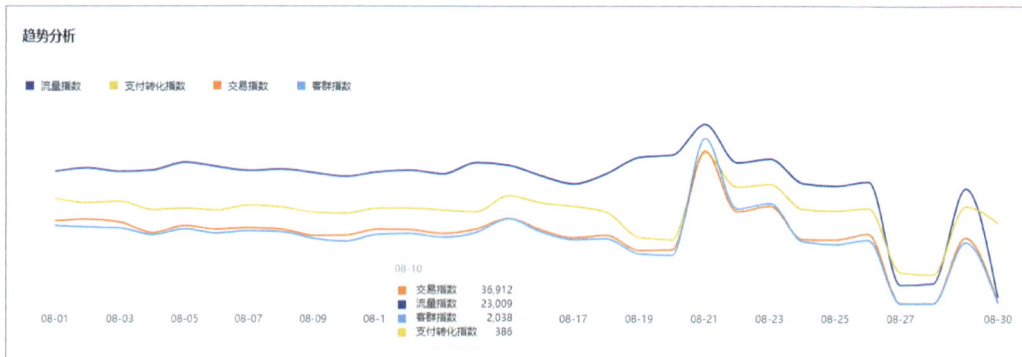

图 3-14　竞争店铺数据趋势分析

　　通过生意参谋的市场行情进行竞争店铺分析,商家可以查看流失的店铺和流失的产品,根据系统流失竞争店铺和高潜力竞争店铺情况,了解店铺的流失方向,找到类似店铺并进行数据采集分析,从而了解自身店铺数据提升的方向。如图3-15所示,在TOP流失店铺列表中,我们根据流失指数、流失人气、流量指数、交易指数进行数据排序,流失指数越高,则排名越靠前。商家可根据自身店铺细分类目的流失方向,进行一些营销、优惠活动,如商品的折扣力度调整、是否做商品补充,以此来降低自身店铺的流失交易指数。

　　商家使用生意参谋数据分析,监控潜在的优质竞争对手,通过各种维度找到优质店铺并进行学习参考,再通过店铺监控,寻找和自己店铺类似或者商品流量结构类似的店铺进行数据对比分析,从而找到差异点并进行数据提升优化处理。

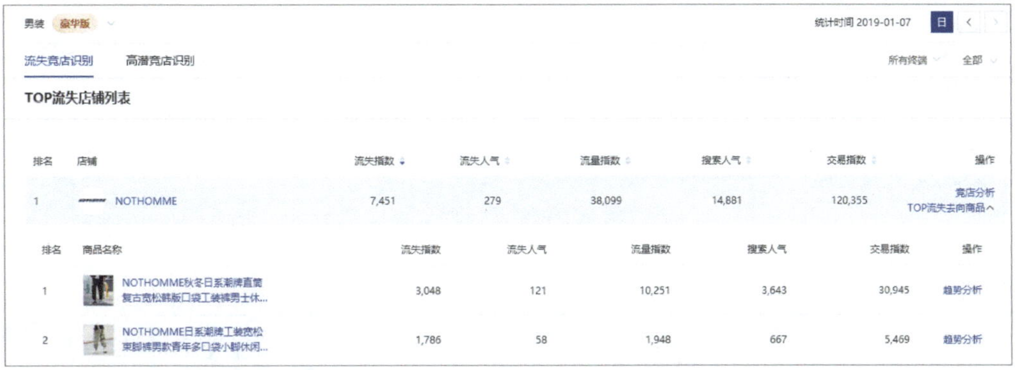

图 3-15 竞争店铺流失店铺数据分析

商家利用生意参谋的市场行情做竞争店铺的竞店对比分析，根据时间周期进行店铺数据对比分析，了解竞争店铺在年周期下的数据变化情况，从而更好地了解店铺的成长过程，并且从中找到店铺的优势和亮点，然后对自身店铺进行数据优化处理（见图 3-16）。

图 3-16 竞争店铺数据对比分析

商家使用生意参谋的市场行情，点击"竞争店铺—竞店对比—关键指标"进行分析，来对比时间上的差异和增长点的不同，同时商家可以了解在一定时间周期内交易指数、流量指数、搜索人气、收藏人气、加购指数等维度的数据差异，从而进行自身数据的优化提升（见图 3-17）。从图 3-17 中可以看出自身店铺和竞争店铺之间的数据对比情况，本店交易指数是 61 033，流量指数是 40 709，竞店 1 交易指数是 107 552，流量指数是 63 646，商家可以在流量指数有差异的情况下，去查看竞争店铺的玩法，找到数据提升的方法。

图 3-17 与竞争店铺核心数据对比分析

3.3.3 竞争店铺品类结构数据分析

商家使用生意参谋的市场行情，点击"竞争店铺—竞店分析—品类销售额"进行分析，根据时间周期，了解竞争店铺按年、月的品类交易构成数据、类目支付金额占比数据、类目支付金额占比排名情况，了解自身店铺和竞争店铺在类目布局和品类销售额方面的差距，从而可以进行品类布局的优化和提升。

根据竞争店铺交易构成数据，商家可了解自身店铺核心类目支付金额占比，竞争店铺核心类目金额占比，从而可以对比出两个店铺的优势类目、成交类目、访客集中类目。商家可利用竞争店铺品类数据分析，根据竞争店铺类型品类销售情况，并依据自己供应链、利润情况，酌情进行店铺上新，以提升店铺的流量和销售额。例如，在图 3-18 中，竞争店铺羽绒服支付金额占比达到了 29.83%，销售额增长主要来源于羽绒服类目，而自身店铺还是停留在以休闲裤和卫衣销售为主，这样品类销售数据的差距就非常明显了。

商家可以参照比自身店铺优秀的店铺，进行品类数据优化，提升店铺类目的销售量，也要思考自己店铺类目是否有缺失，店铺类目是否丰富等问题，帮助店铺更好地优化品类结构。

交易构成

排名	本店 类目	支付金额占比		排名	竞店1 类目	支付金额占比
1	男装 > 休闲裤	66.97%		1	男装 > 羽绒服	29.83%
2	男装 > 卫衣	16.48%		2	男装 > 休闲裤	25.99%
3	男装 > 夹克	6.15%		3	男装 > 棉衣	23.34%
4	女士内衣/男士内衣/家居服 > 短袜/打底袜/丝袜/美腿袜	4.47%		4	男装 > 卫衣	6.35%
5	男装 > 棉衣	1.49%		5	男装 > 夹克	4.57%
6	男装 > 衬衫	1.20%		6	男装 > 衬衫	3.75%
7	运动包/户外包/配件 > 挎包/拎包/休闲包	0.96%		7	男装 > 牛仔裤	3.05%
8	男装 > T恤	0.87%		8	男装 > 针织衫/毛衣	1.00%
9	男装 > 羽绒服	0.33%		9	男装 > 毛呢大衣	0.52%
10	服饰配件/皮带/帽子/围巾 > 腰带/皮带/腰链	0.33%		10	女士内衣/男士内衣/家居服 > 短袜/打底袜/丝袜/美腿袜	0.41%
				11	其他	1.19%

图 3-18　竞争店铺类目数据对比分析

　　商家通过使用生意参谋的市场行情，点击"竞争店铺—竞店分析—竞争店铺价格带"进行分析，对比价格人群，从而确定广告投放策略，同时可以根据竞争店铺客单价分布情况，进行店铺产品客单价的提升（见图 3-19）。需要强调的是，竞争对手的价格带，可以作为我们的参考，但不同来源的产品的质量、成本都不一样，特定的利润空间也不一样，不能简单地参考同行的。其实无所谓贵贱，每个价格区间都有对应的消费者，不是贵了就一定好，重要的是，能让你的目标客户认为你的商品足够好就可以了。

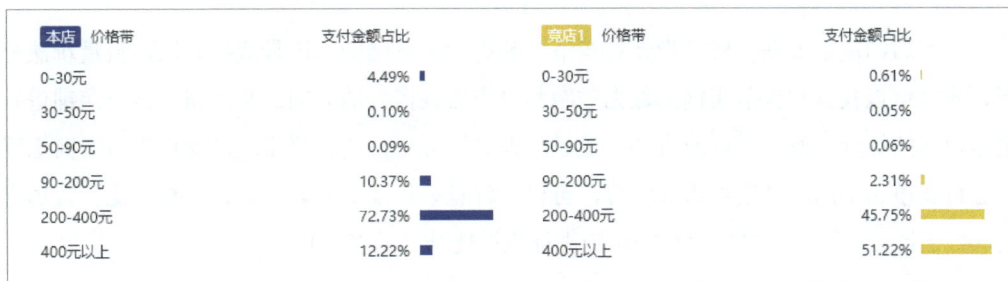

本店 价格带	支付金额占比		竞店1 价格带	支付金额占比
0-30元	4.49%		0-30元	0.61%
30-50元	0.10%		30-50元	0.05%
50-90元	0.09%		50-90元	0.06%
90-200元	10.37%		90-200元	2.31%
200-400元	72.73%		200-400元	45.75%
400元以上	12.22%		400元以上	51.22%

图 3-19　竞争店铺价格带数据对比分析

3.3.4 竞争店铺流量数据操作分析

商家利用生意参谋的市场行情，点击"竞争店铺—竞店分析—竞争店铺"进行分析，对竞争店铺流量结构分布进行对比，商家可查看竞争店铺入店来源，从流量指数、客群指数、支付转化指数、交易指数，对竞争店铺的流量数据进行采集，了解竞争店铺的流量结构，找到自身店铺流量的缺失之处，然后进行流量布局的优化。

例如，本店（见图 3-20）淘内免费流量是 33 950，与竞争店铺流量指数 51 483 数据差异明显，付费流量中，本店数据为 17 730，竞争店铺为 30 380，在付费投放上，竞争店铺投放的力度也比自身店铺要大。商家要根据竞争店铺流量对比，找到自身数据弱的地方，进行数据提升处理。

入店来源				
对比指标 ◉ 流量指数	客群指数	支付转化指数	交易指数	
流量来源	本店 流量指数 ▾	竞店1 流量指数	本店访客数	操作
● 淘内免费	33,950	51,483	58,938	趋势
● 付费流量	17,730	30,380	19,027	趋势
● 自主访问	15,914	24,993	15,785	趋势
● 淘外网站	107	296	5	趋势
● 淘外APP	0	0	0	趋势
● 其他来源	0	0	0	趋势
站外投放	0	0	0	趋势

图 3-20　与竞争店铺流量数据对比分析

竞争店铺流量数据分析是指针对竞争店铺进行流量结构、流量数据对比，流量玩法分析，商家可以找到与竞争店铺的数据差距和自身店铺提升的方向，从而帮助自身店铺进行流量数据的提升。商家可以通过细分流量数据对比分析，进行流量玩法参考学习。商家通过分析竞争店铺的流量结构组成情况，可以了解竞争店铺的搜索流量访客数占比、直通车访客数占比，从而有针对性地帮助店铺进行流量提升（见表 3-1）。

表 3-1 竞争店铺流量数据分析

店铺名称	来源名称	访客数/个	访客数占比/%	浏览量/次	浏览量占比/%
一	手淘搜索	6399	39.36	11 282	35.46
	直通车	5390	33.47	10 834	34.05
	购物车	1091	6.77	3392	10.66
	淘内免费其他	834	5.18	1376	4.32
	我的淘宝	630	3.91	1154	4.88
	支付宝小程序—每日必抢	420	2.61	546	1.72
	手淘天天特价	312	1.94	441	1.39
	手淘旺信	259	1.61	632	1.99
	猫客搜索	253	1.57	472	1.48
	手淘问大家	173	1.07	405	1.27

通过竞争店铺流量数据分析，商家可以针对竞争对手的品类结构、流量结构、访客数占比，找到自身店铺的优化方向和新流量玩法，使店铺清楚自身的问题，从而找到解决的方法。

通过对比竞争店铺流量结构数据，商家可以了解竞争店铺的数据，例如，竞争店铺手淘搜索、淘内免费其他流量数据较多。商家可以通过了解竞争店铺的流量结构数据进行分析，思考自身店铺是否适用这样的玩法，从而提升店铺的数据流量。例如，竞争店铺智钻流量占比特别大，店铺是不是可以考虑进行智钻投放引入流量呢？

3.4 竞争商品数据分析

竞争商品数据分析是指围绕竞争商品的数据，进行数据对比分析，从而了解行业优质商品的数据、流量结构和流量玩法，商家可以通过对竞争商品的数据采集，发现学习优质商品的流量玩法，从而找到自身店铺单品数据的提升方法。

商家可根据商品类目、商品视觉和商品价格，进行竞争商品数据采集对比分析，了解同类目、同类型产品的数据的差异点，找到商品数据可以优化提升的地方。

3.4.1 竞争商品数据监控分析

商家可通过生意参谋进行竞争商品数据监控分析，了解同类目下的商品行业排名、搜索人气、流量指数、收藏人气、加购人气、支付转化指数和交易指数数据的变化情况，从而进行竞争商品数据分析（见图 3-21）。

图 3-21　竞争商品数据监控

竞争商品周期数据分析（见图 3-22）：商家通过生意参谋市场行情竞争商品—监控商品，按照时间周期（实时、7 天或 30 天），查看竞争商品的流量数据变化，并且根据竞争商品的流量结构，了解竞争商品的流量提升过程，并进行商品流量数据采集，形成竞争商品流量结构表，找到流量提升的方法。

商家根据竞争商品的周期流量数据，通过对商品的搜索人气、流量指数、收藏人气、加购人气等进行数据分析找到影响流量提升的核心数据点，其中加购人气和收藏人气的数据，直接影响商品交易指数和流量指数的数据。商家通过对比优质商品数据找出差异，然后进行自身商品数据优化，实现自身商品流量和销售额的提升。

图 3-22　竞争商品周期数据分析

顾客流失竞品数据分析（见图 3-23）：商家可通过生意参谋市场行情竞争商品—竞品识别，查看商品实时数据，并进行周期数据监控（7 天或 30 天），同时抓取同类型产品的数据。商家可通过店铺顾客流失竞品推荐，查看流失金额、流失人数等数据，对推荐细分类目流失金额大的商品进行抓取，帮助商家更好地去做竞争流失分析，同时可参考流失商品的主图、详情、营销方式，帮助店铺实现数据提升。

图 3-23　顾客流失竞品数据分析

竞争商品数据监控分析（见图 3-24）：商家通过生意参谋市场行情竞争商品—竞品分析，查看产品实时数据，然后根据系统推荐，进行竞争商品数据监控。目前只能监控 120 个商品，监控的商品可以进行替换或删除，这样可以更好地去做竞争商品监控调整方案。

图 3-24　竞争商品数据监控分析

3.4.2 竞争商品流量数据分析

　　商家利用市场行情，点击"竞争商品—竞品分析—入店来源"查看商品流量数据，可通过商品流量来源数据（见图 3-25）进行数据对比分析，了解自身商品与竞品之间的数据差异，分析竞争对手的流量构成情况，从而得出其获得流量的主要方法。

图 3-25　竞争商品流量数据分析

商家可通过生意参谋进行竞争商品关键指标监控，了解类目行业下的竞品数据变化情况，从而进行竞争商品数据分析（见图 3-26）。本店商品从流量指数、交易指数、搜索人气、收藏人气、加购人气等几方面与竞品 1 进行数据对比，在流量指数接近的情况下，对比搜索人气，可以知道商品搜索流量出现的问题，而收藏人气、加购人气的差距可以反馈出商品价值方面的问题，商家可以针对商品流量价值进行优化，或者重新选款进行推广营销活动。商家要达到竞争商品的销售和排名，就需要提升自身商品的流量指数、收藏人气和加购人气数据，提升商品在行业中的排名。

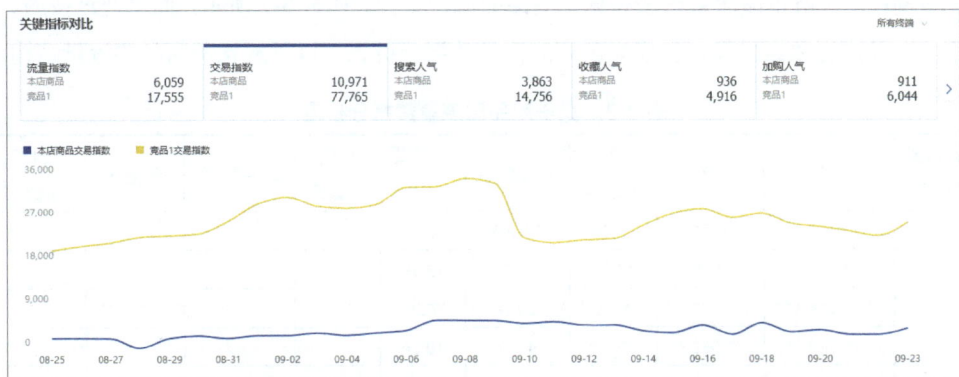

图 3-26　竞争商品关键指标对比分析

另外，对比竞争店铺商品的引流关键词效果和成交关键词效果，可以有效地优化店铺的关键词流量结构（见图 3-27）。

图 3-27　竞争商品关键词数据对比分析

3.4.3　竞争商品流量玩法

商家可对比竞争商品关键词下的价格带、视觉、坑产等数据，找到自己适合切入的流量人群。另外，商家可通过单品数据对比分析，对比关键词下的数据，找到自己可以分析的竞争商品，了解单品流量玩法和竞争商品的流量结构。如表 3-2 所示，商家通过按周、月对竞争商品进行数据采集，生成竞争商品流量数据分析表，以了解竞争商品的流量结构。

表 3-2　竞争商品周流量数据分析表

产品数据分析表	来源名称	访客数/个	访客数占比/%	浏览量/次	浏览量占比/%	引流关键词	访客数/个	关键词	支付子订单数/个
	手淘搜索	11 544	56.70	22 105	53.76				
	直通车	2910	14.29	5669	13.79				
	淘内免费其他	1727	8.48	2959	7.20				
	购物车	1552	7.62	4217	10.26				
	我的淘宝	897	4.41	2364	5.75				
	猫客搜索	459	2.25	879	2.14				

续表

产品数据 分析表	来源名称	访客数/个	访客数 占比/%	浏览量/次	浏览量 占比/%	引流 关键词	访客数/个	关键词	支付子订 单数/个
	手淘旺信	364	1.79	880	2.14				
	淘宝客	244	1.20	576	1.40				
	手淘问大家	210	1.03	407	0.99				
	手淘消息中心	106	0.52	230	0.56				

　　商家可通过使用生意参谋竞争商品分析，了解行业商品的流量结构，找到行业优质的流量玩法。另外，使用竞争商品数据对比，可分析自身商品和竞争商品的流量结构和流量数据占比之间的差距，找到提升的方法，从而丰富店铺商品的流量玩法，帮助店铺进行销售数据提升。

　　【案例】以食品店铺为例。

　　第一步，对食品行业与自己类似的产品进行数据采集，并且了解竞争店铺什么商品销量好，价格是多少，详情页怎么做的，主图视频怎么做的，店铺营销活动、打折怎么做的。

　　第二步，分析食品类目竞争商品的流量结构，看竞争商品是使用免费流量玩法，还是以付费玩法为主，是以直通车、智钻、淘宝客哪种推广为主？从而了解竞争店铺的商品玩法，然后商家综合自身店铺的状态和能力，进行推广营销玩法安排。

　　第三步，商家通过与同类型食品进行对比分析，利用自身商品的优势部分，如商品口味独特、味道纯正，以突出优势卖点，优化自身价格体系，在详情页优化收藏、加购、主图点击率数据，并结合竞争店铺的流量玩法，进行店铺商品流量推广活动。

　　第四步，食品类目商家玩法普遍以直通车为主，店铺在进入食品类目时可以综合各种店铺玩法，或者可以找出一些新的渠道进行数据提升，在直通车付费工具竞争激烈的情况下，可以把重心放到直播、微淘、短视频方面进行营销，帮助店铺以别的渠道来促进销售额的增长。

　　在市场竞争中，自身品牌可以针对类似品牌、店铺、商品进行数据对比，了解竞争品牌、店铺、商品的竞争力，店铺商品品类结构、流量结构、商品的流量价值，从而了解行业特征，找到差异的地方，帮助店铺找到市场的切入点，更好地完成营销规划。

本章小结

　　本章节主要阐述了进行市场竞争数据分析的重要性，通过对品牌市场数据的采集分析，商家了解了行业竞争品牌的数据玩法、数据优化方式，从而对整个行业进行了市场评估，这样有助于做好自身品牌的定位调整、差异化调整，提升品牌的竞争力。商家可通过对竞争店铺数据采集分析，了解竞争店铺的视觉策划、品类规划，了解店铺产品结构、流量结构，帮助自身店铺做好品类优化、流量数据提升。商家通过对竞争商品数据分析，了解了更多的商品数据提升方法，从而可以丰富自身店铺商品流量和销售数据提升的方法，帮助店铺实现整体销售额的提升。

本章习题

　　1．竞争品牌数据分析的主要对象是哪些品牌？

　　2．简述竞争品牌数据分析的目的。

　　3．店铺市场竞争数据分析的主要目的是什么？

　　4．假如店铺是做男装潮牌的，请问如何进行竞争店铺的监控分析？

　　5．通过数据观察了解到竞争店铺商品流量和销售一直上升，这种情况下商家需要去深入了解竞争店铺的情况，请问应该如何进行数据流量玩法分析呢？

第 4 章

市场人群
数据分析

4.1　什么是市场人群数据分析

　　市场人群数据分析，是指商家要了解这个行业中历史消费者的固有特征，如性别比例、年龄层次、消费习惯、消费能力等要素，并能结合店铺商品定位设计具有针对性的营销活动，逐渐塑造店铺的风格，从而提升店铺的盈利能力。

4.2　如何做品类人群数据分析

　　商家使用生意参谋市场分析的行业客群工具做人群数据分析，可以针对类目进行客群趋势数据分析（见图 4-1）。客群趋势主要是根据时间变化来分析细分类目下的支付转化指数、客群指数和交易指数等数据，一般商家会采集最近 7 天或 30 天的数据，按日、周、月去查询数据，以了解类目的数据变化情况。

　　商家对于更新比较频繁的产品，如服饰类，需要经常跟踪数据变化；对于更新相对缓慢的产品，如电器、工艺品等，跟踪数据变化时间可以适当延长。另外，此处的数据应当与直通车和钻展方面的人群分析数据结合起来使用。

图 4-1　类目客群趋势数据分析

商家可使用生意参谋市场分析客群洞察工具，针对类目人群进行属性画像数据分析（见图 4-2）。这样商家便可以了解类目背后的人群属性，包括性别、年龄、地域属性，从而可以有针对性地进行营销活动。

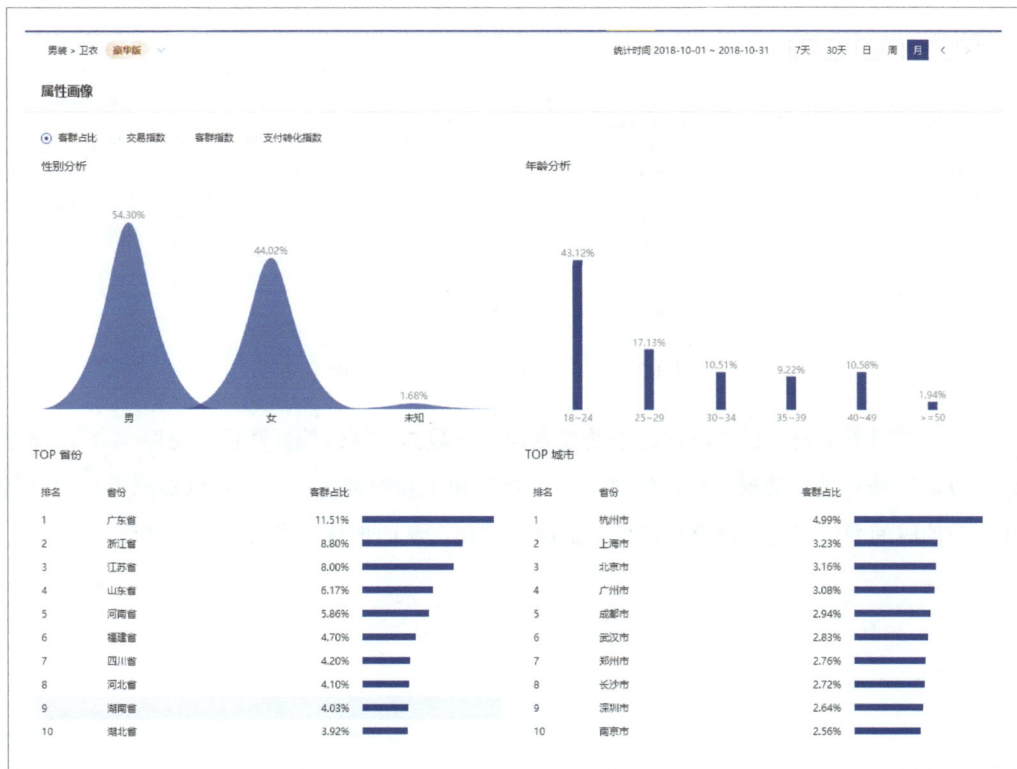

图 4-2　类目人群属性画像数据分析

商家使用生意参谋客群洞察工具，针对类目进行品牌购买偏好数据和类目偏好数据分析（见图 4-3），按月进行数据采集分析，可了解细分类目下品牌偏好和类目偏好数据的变化情况。在男装卫衣类目品牌购买偏好方面，南极人、花花公子品牌偏好人数数据较高，证明男装卫衣市场，南极人、花花公子品牌产品销售额占比比较高。商家通常会进行品牌关键词搜索，了解市场下的品牌产品，进行市场数据分析，分析品牌商品的属性、客单价、视觉、详情，从品牌商品中找到自身店铺的类目优势，然后进行提升放大，从而提升自身品牌商品的竞争力。

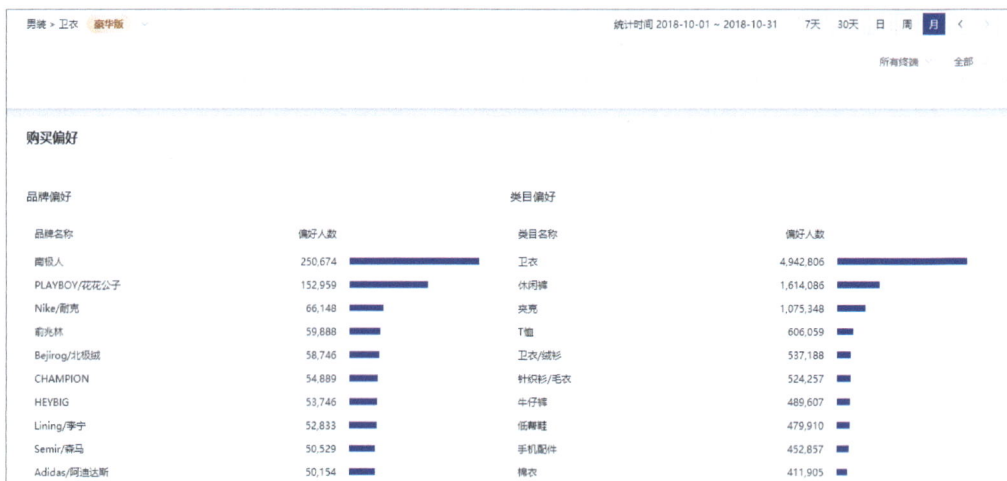

图 4-3　类目人群购买偏好数据分析

　　查看类目下单及支付时段偏好中的搜索词偏好数据、属性偏好数据（见图 4-4），商家便可以通过按月采集数据，对店铺进行类目推广和上新数据优化，同时可根据类目的支付买家数的时间变化情况，调整推广费用的时间比例，从而把握广告营销的精准度。

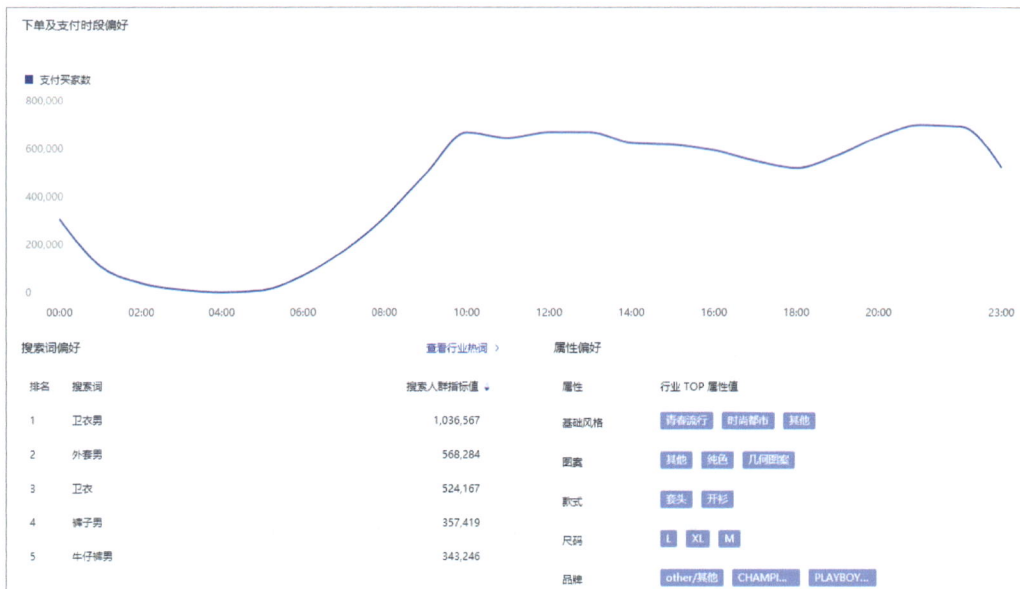

图 4-4　类目人群搜索词偏好、属性偏好数据分析

　　商家可使用生意参谋客群透视工具（见图 4-5），进行多维度分析，包括年龄段和性别组合的数据分析、年龄段和城市级别组合的数据分析，分析指标包括客群的客群指数、交易指数及支付转化率。商家获取客群组合数据的差异变化情况，便可以有效地进行品类商品的调整。例如，商家对男装卫衣类目进行客群透视分析，针对年龄段和性别、年龄段和城市级别组合做了数据分层，可以查看客群指数、交易指数、支付转化率数据，可以了解细分类目市场的人群分布情况，其中市场客群指数越高，说明市场机会越大。我们从图 4-5 中可以看到，男装卫衣类目，2018 年 10 月份，男性用户，年龄段为 18～22 岁的客群指数为 280 854，商家便可以根据客群指数数据，确定店铺人群的营销方向。

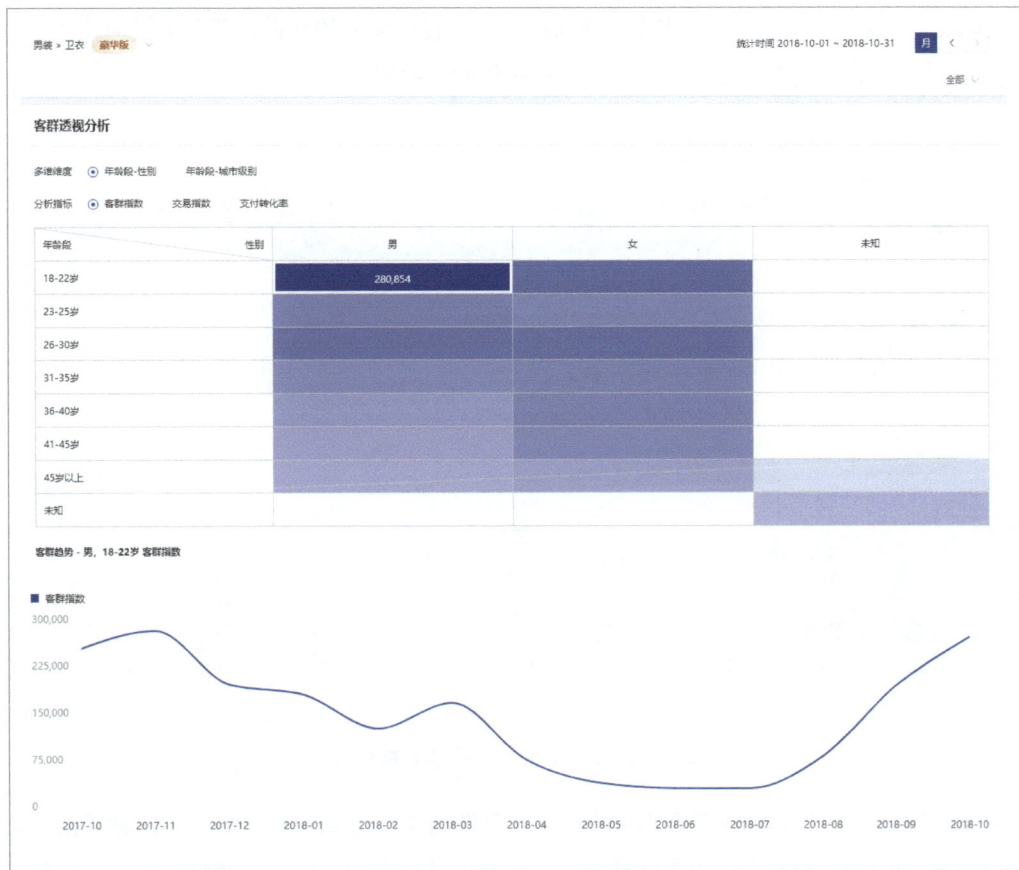

图 4-5　类目客群透视数据趋势分析

4.3 如何做关键词人群数据分析

商家通过使用生意参谋搜索人群工具做数据分析，可以查看类目客群属性画像数据（见图 4-6），从而了解关键词人群的购买偏好，精准获取店铺人群标签流量，进而优化店铺转化率、提升店铺的销售数据。

商家按照时间进行关键词数据对比，了解关键词最近 7 天或 30 天的数据变化情况，按日、周、月去查询关键词的人群数据，对比关键词属性画像下搜索人气、搜索人数占比、点击人气、点击人数占比、点击率、交易指数、支付转化率的数据，明确关键词使用的方向和购买人群，从而能够精准使用符合人群画像的关键词。

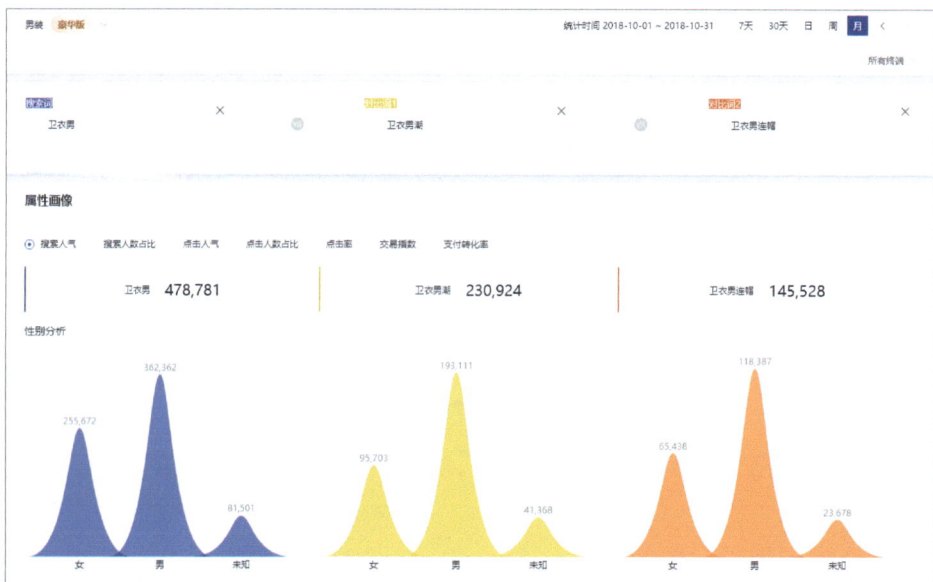

图 4-6 类目客群属性画像数据分析

商家通过对类目客群年龄数据进行分析（见图 4-7），了解关键词背后的人群数据分布情况，便可以结合自身店铺人群定位和产品定位，确定和商品匹配的关键词。例如，如果店铺商品是适合年轻人的"连帽卫衣"，那么商家便可以使用这个关键词进行商品人群流量的获取。

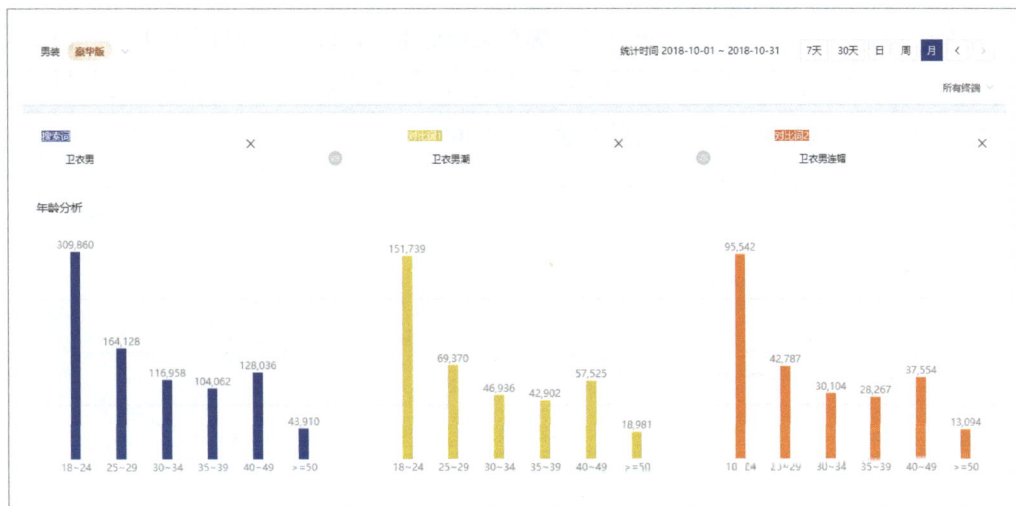

图 4-7　类目客群年龄分布数据分析

　　商家在生意参谋中使用关键词搜索成交人群，可以了解省份和城市的分布情况，了解关键词背后的类目客群城市分布数据（见图 4-8），并且可以根据关键词进行营销推广优化、投放地域优化，从而提高关键词流量获取的精准度。例如，在"卫衣男"类目下，可以重点投放在杭州市、郑州市、成都市等核心地区，类目客群城市分布数据可以为商家在做直通车、智钻投放时提供数据参考，可以优化付费端的投放精准度，提升店铺流量的利用率。

图 4-8　类目客群城市分布数据分析

商家通过使用生意参谋中关键词的品牌购买偏好工具，可了解类目客群的品牌偏好人数，从而进行竞争品牌数据分析。商家通过关键词类目偏好数据分析，把握关键词使用类目人群方向，从而精准获取类目人群流量（见图4-9）。

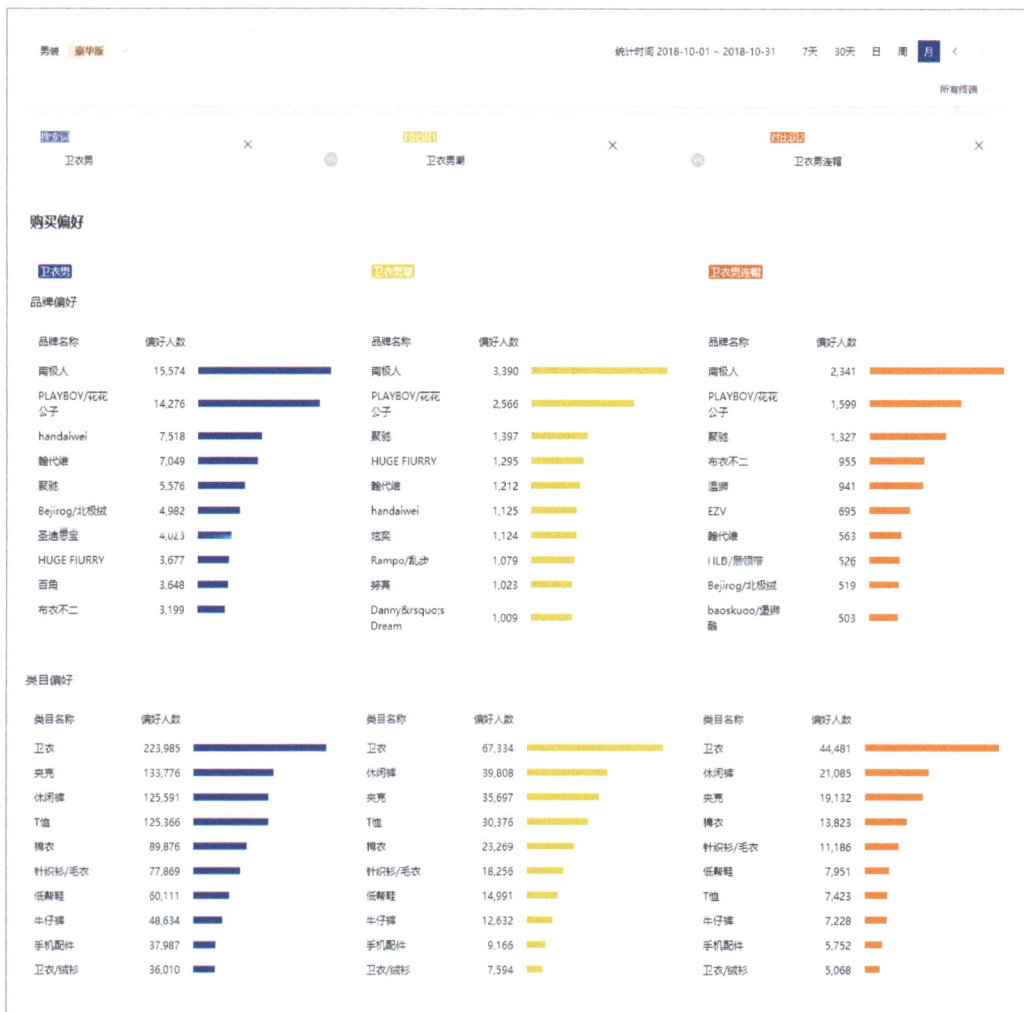

图 4-9　类目客群品牌偏好数据分析

本章小结

　　本章主要讲述商家使用人群数据分析工具，对市场品类数据、市场关键词人群数据进行采集分析，从而了解市场人群画像分布情况。商家根据人群画像数据，对店铺的营销推广数据进行优化提升处理，通过进行精准人群视觉优化、推广关键词优化、推广地域优化来提升店铺人群标签的精准度、提升店铺的关注度、帮助店铺沉淀优质人群用户、提升店铺的用户黏性，从而提升店铺的整体竞争力和销售额。

本章习题

　　1．简述什么是市场人群数据分析。

　　2．如何做关键词人群数据分析？

　　3．试简要说明市场人群数据分析的主要作用。

　　4．某女装店铺是卖大码女装的，找出符合店铺人群的标签词，至少 2 个人群标签词。

第 5 章

产品规划

对于零售企业，无论是在线上还是在线下，都要十分了解消费者的需求，这样才能形成精准的产品定位。在这个过程中，商家可以借鉴更多的历史销售数据，通过数据分析来指导产品的开发、生产、定价等一系列规划工作。

传统线下零售企业在进行产品规划时，往往是借鉴企业或个人的经验，具有一定的随意性和主观性，数据分析能一定程度上提升决策的准确度，避免出现决策时"拍脑门"，发现问题时"拍大腿"的现象，企业可以通过分析行业市场数据、竞争对手产品数据、自身产品的测试数据来获知消费者的需求，然后有计划性地完成产品规划工作。

5.1　产品规划的概念和意义

5.1.1　什么是产品规划

产品规划是指商家根据市场分析、竞品分析、产品测试分析的数据结果及店铺的营销目标、策略，规划各类别的产品结构占比、各款产品的定价及营销定位，从而能有放地指导产品的生产过程。其中包括目标市场、流行趋势、店铺及产品风格、竞争情况、受众人群、顾客喜好、成本、利润、约束性决策和衰退期商品的撤出等。

5.1.2　产品规划的意义

产品规划的意义是指商家通过数据分析，明确消费者的产品需求及消费能力、组织产品的开发生产及营销活动，从而提升产品的竞争力。货品规划可以明确店铺在市场中的定位，通过将产品投放至市场的短期测试反馈，商家可以确定产品推广的主次结构，从而降低产品的库存积压风险，提高产品的库存周转率。

通过消费者的需求数据反馈，商家可以赋予产品不同的使命，货品规划可以确定店铺的引流产品、利润产品、形象产品等，形成产品矩阵，而对于不同使命的产品，则可以采取不同的经营策略。

5.2 产品规划的流程与方法

5.2.1 明确营销需求

1. 选品的概念

什么是选品？选品的目的是什么？

营销是要通过科学的决策（生产或者采购有特点的产品）、特定的手段（推广）、特定的内容（视觉设计）去触达有效的客户（客户画像），并能建立长久的客户关系（老顾客的信任）的一种流程。在流量充沛的时代，有一张好图片、一个好文案，加上一定的推广手段商家就可能让产品卖得好。客观地说，所谓产品卖得好并不一定是产品好，也可能是流量多，哪怕转化率较低，也能取得让人满意的结果，于是商家便形成了一种错觉，认为营销是万能的，但是当流量开始相对萎缩的时候，没有好的产品，没有细分的客户，再加上较低的转化率，产品的销量很难提升了。

经营店铺也是一样，商家通讨不断的选款—测款—数据反馈—定款的流程，来调整店铺产品设计梯队，以求在资源有限的情况下，得到最好的效果。货品规划的意义是根据消费者的需求数据来进行产品的定位、设计、开发、生产和销售，从而避免盲目生产和经营的风险。

例如，某企业主要经营的是新鲜的莲蓬和菱角（见图 5-1），每年 7～9 月的销售额占全年销售额的 70%，春节期间的销售额占全年销售额的 5%，而其他时段的销售额只占到全年销售额的 25%。由于此产品全年销售额分布过于集中，会造成淡季闲，人力资源等大量资源的浪费；旺季忙，又无法控制服务质量，因此是一种非常不健康的销售占比情况。

图 5-1　新鲜的莲蓬和菱角

图 5-1　新鲜的莲蓬和菱角（续）

该类产品季节性太强，都是在夏季和秋季产出，只能当季销售，而匹配消费者日常需求的其他产品种类则严重不足，即使有几款干货，如莲子干等，产品线也不够齐全，并且在产品定价、营销定位上或多或少都有问题。那么要解决销售占比不均衡的问题，商家就要从根源上进行调整，那就是通过分析消费者的需求来建立货品计划。

商品款大致可以分为三种：爆款、基础款、潜力款。商品不同款的占比分布情况，如图 5-2 所示。

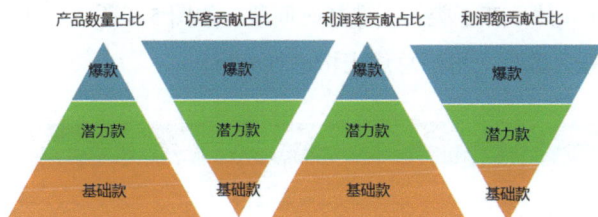

图 5-2　商品不同款的占比分布情况

爆款，或者叫作引流款，即为店铺提供主要流量的产品。引流款符合大众消费的需求，而且市场覆盖面广，能够产生较高的销量，能够带动店铺整体的销售额，从而可提升店铺层级，然后为店铺带来更大的流量。爆款在店铺中的占比比较少，一个店铺中有 1～3 个能够称之为爆款的产品就已经是比较优秀了，爆款为店铺带来了比较大的访客量，由于同行竞争的因素，它的利润率比较低，但是由于整体销量比较大，因此对店铺的利润额贡献也是比较多的。一般爆款也是行业里量最大、转化率最高的产品，并且竞品之间的差别也很小。

基础款在店铺里数量比较多，但店铺自身的引流能力有限，很多时候产品的销售基于客服的推荐和店铺内爆款产品的访客跳转，由于其整体销量低，会造成较多的库存压力，但一旦产生销售，无论是从现金流和利润率的角度他的贡献都是比较大的，然而对于整体来说销量还是较少，利润额总是有限的。

潜力款则是介于爆款和基础款之间的产品，既有二者的优势，也有二者的劣势，作为商家，追求的是爆款越多越好，潜力款能够逐渐成长为爆款，基础款也能成长为潜力款。爆款下面一定要有一些潜力款做准备，当爆款遇到同行攻击或者由于违规导致降权的时候，商家便可以对潜力款进行调整并且加大推广力度，来支撑店铺运作。

在运营、推广的过程中，总会有些产品销量多，有些产品销量少。有的产品在短时间之内就可以被打造成爆款，有的产品可能永远都不会成为爆款。所以选品是一个商家认识市场、了解市场的过程。商家通过选择引流款与利润款，并规划更合理的产品线，让利润最大化，同时能让店铺经营状况更加健康。

2．选款维度分析

商家首先要通过分析行业市场，了解消费者需要什么产品，然后覆盖这些市场需求。例如，分析生意参谋女装子类目全年销售额的分布数据。首先在生意参谋中选择相应的子类目，如图 5-3 所示，然后在子类目下选择时间段，如图 5-4 所示，从而可在生意参谋专业版女装子类目获得按月数据，再汇总成表格进行分析。

图 5-3　生意参谋选择子类目

图 5-4　子类目下选择时间段

可以做成如图 5-5 所示的表格，显示 2018 年交易指数数据，商家可以此统计出这个类目在 2017 年 12 月份到 2018 年 11 月份的交易指数。

	A	B	C	D	E	F	G	H	I	J	K	L	M	单月	N	O	P	Q	季度	R	全年
		2月份	3月份	4月份	5月份	6月份	7月份	8月份	9月份	10月份	11月份	12月份	1月份		2-4月份	5-7月份	8-10月份	11-1月份月份		全年	
1	连衣裙	12,334,201	16,071,391	17,628,128	22,256,330	23,132,090	20,452,125	16,459,537	15,298,878	13,135,494	12,260,280	10,605,115	11,185,572		46,033,720	65,840,545	44,893,909	34,050,967		190,819,141	
2	半身裙	5,783,888	7,414,257	7,921,624	8,975,432	8,576,281	7,433,407	7,093,550	7,986,279	8,430,585	8,025,900	6,659,936	5,878,723		21,119,769	24,985,120	23,510,414	20,564,559		90,179,862	
3	T恤	8,018,769	11,538,736	14,596,602	16,154,882	14,862,776	13,279,453	11,248,554	10,627,487	9,313,839	7,313,332	5,851,632	5,279,267		34,154,107	44,297,111	31,189,880	18,803,500		128,444,598	
4	衬衫	8,282,636	10,869,273	10,796,271	9,692,356	9,022,556	8,056,201	9,043,583	9,954,258	9,954,258	6,443,164	6,443,164	5,279,267		29,948,180	26,771,077	28,952,099	18,165,595		103,836,951	
5	短外套	7,924,230	10,881,502	8,509,250	6,362,440	5,589,304	4,992,898	4,992,898	4,992,898	9,763,136	7,559,070	5,976,369	6,019,382		27,314,982	16,944,642	19,748,932	19,554,830		83,563,386	
6	羽绒服	4,405,508	3,096,329	1,299,232	985,195	1,630,887	1,968,863	3,283,864	3,283,864	9,221,873	16,278,744	16,278,744	11,320,357		8,801,069	4,584,945	15,789,601	43,877,845		73,053,460	

图 5-5　2018 年交易指数数据

当然，如果一张表格不能明确、直观表达数据变化，那么我们可以根据图 5-6 中的选项，将数据分析做成相应的曲线图和对比图，进行直观的观察。

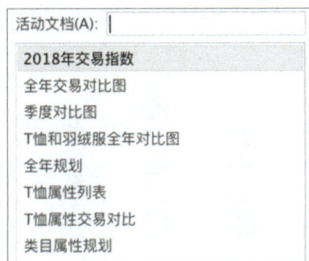

图 5-6　数据分析的多种形式

如图 5-7 所示，年度市场交易指数最大的是连衣裙，这个品类全年的交易指数达到了190 819 141；排在第二的是 T 恤，这个品类全年的交易指数为 128 444 598；短外套这个子类目的交易指数只有 83 563 386，而最低的羽绒服这个子类目的交易指数只有 73 053 460。

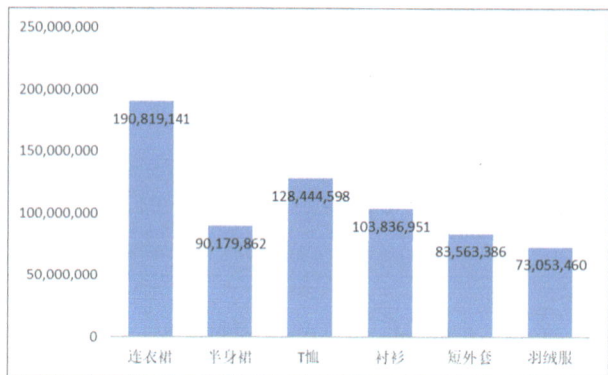

图 5-7　女装子类目全年交易指数对比图

根据以上分析可以得出连衣裙和 T 恤，一年四季总的交易指数是最大的，而短外套和羽绒服这两个品类的全年交易指数相对较低。但以常识而言，羽绒服这个子类目的需求主要在冬季，而 T 恤的需求主要在夏季，因此在运营女装选品的过程中，还应考虑季节性，考虑产品在不同阶段、不同类目的表现力。如图 5-8 所示，春季（2—4 月份）连衣裙的交易指数最高，T 恤和衬衫次之，以时间而言，刚好是过年的节点，天气也开始暖和了，T 恤和衬衫的销量便有了一定的上涨趋势。

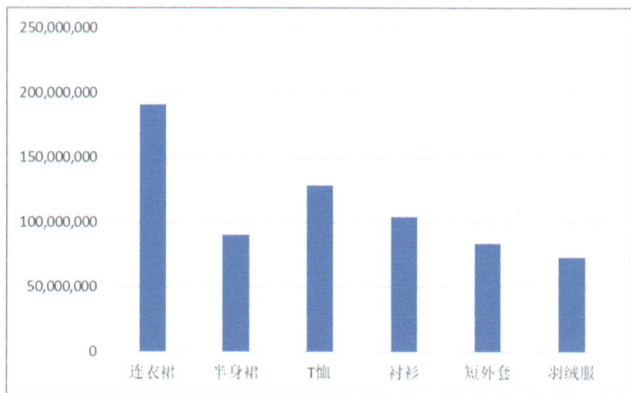

图 5-8　女装子类目春季（2—4 月）的交易指数对比

夏季（5—7 月份）T 恤的交易指数上涨明显，羽绒服交易指数很少，连衣裙的交易指数依然排名第一（见图 5-9）。

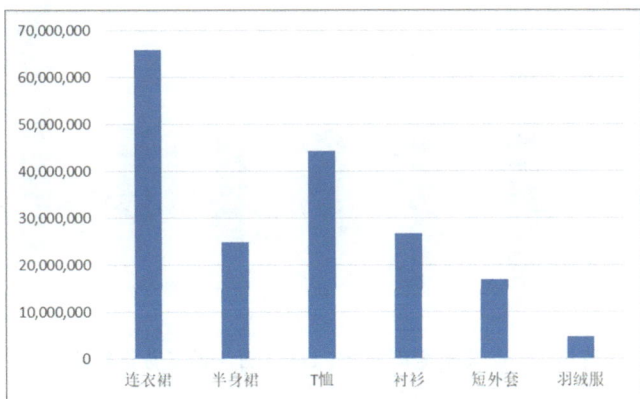

图 5-9 女装子类目夏季（5—7 月）的交易指数对比

秋季（8—10 月份）T 恤的交易指数相比上一个季度明显下降，但羽绒服上涨趋势明显（见图 5-10）。

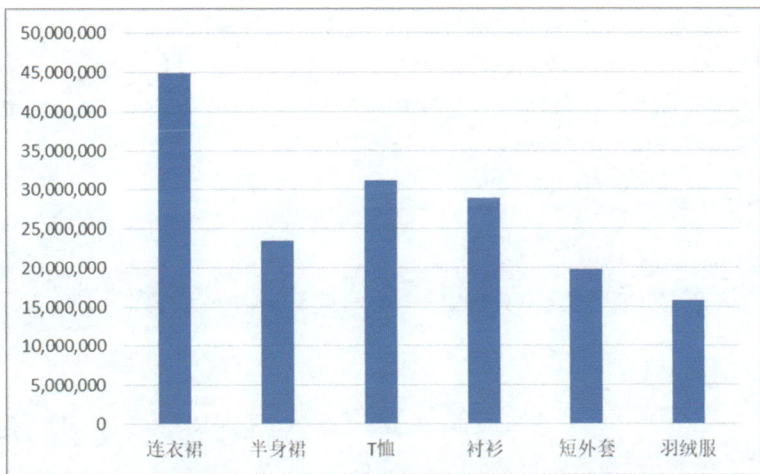

图 5-10 女装子类目秋季（8—10 月）交易指数对比

图 5-11 所示为冬季（11 月至次年 1 月）羽绒服的交易指数极速增长，超越了连衣裙，这也是唯一一段羽绒服指数会超越连衣裙的时间，与此同时 T 恤的交易指数下降明显。

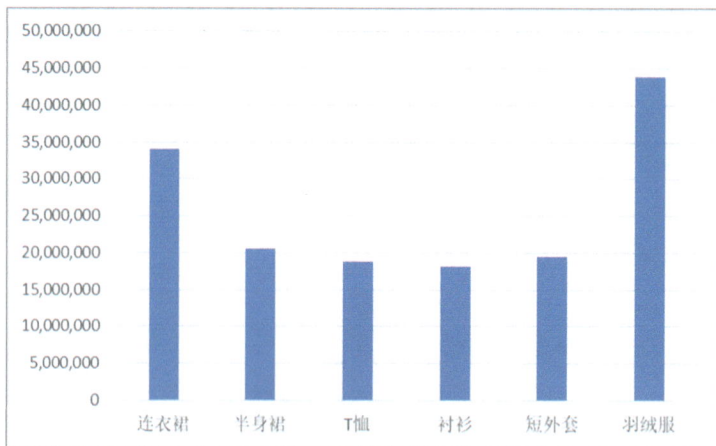

图 5-11　女装子类目冬季（11—1 月）的交易指数对比

最终，结合市场成交份额、企业竞争力、品牌针对人群等信息，我们可总结出女装全年总量能够达到最大值的，集中在连衣裙、T 恤和羽绒服 3 个类目上。根据图 5-12 所示，我们把商品类目年度数据做成曲线数据图，可以得出连衣裙和 T 恤一年四季都可以重点做推广，在第二和第四季度重点做羽绒服类推广，可确保店铺全年都有稳定的交易量。

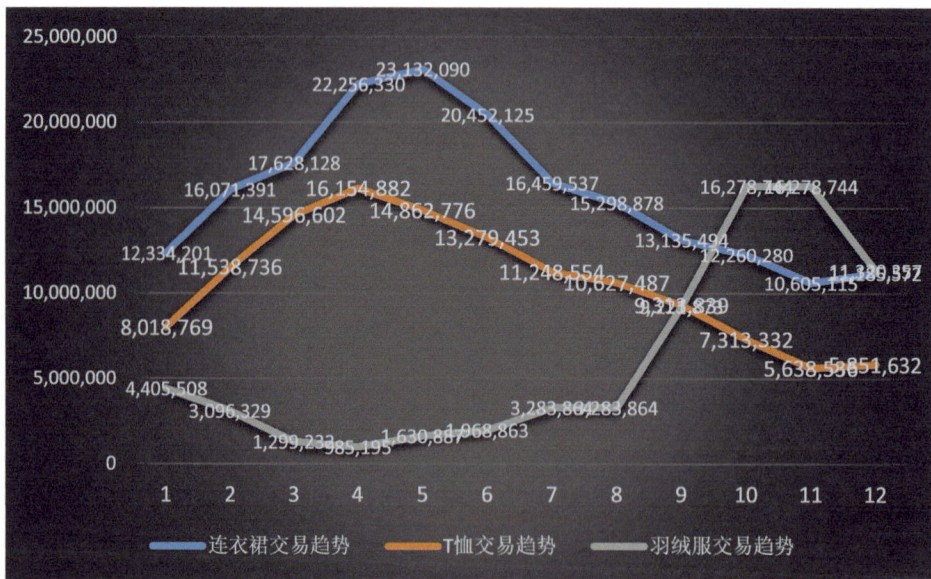

图 5-12　商品类目全年覆盖表

商家在实际进行货品覆盖时，做到覆盖全品类往往不太容易实现，那么便可以覆盖重点品类。那么在这个"二八市场"中究竟是应该覆盖"头部市场"还是 "长尾市场"呢，这就要商家根据实际情况来进行分析。

"长尾"这一概念是由《连线》杂志的主编克里斯·安德森在 2004 年提出来的，这个理论在电商领域已经被多次印证了。

根据"价值洼地"理论，越是靠前的"头部市场"，存在的价值往往也越大，这种高价值的细分品类，往往也是头部商家的"必争之地"，当然市场竞争往往也越大；而靠后的"长尾市场"的竞争则相对较小。

一般来说，主流品牌企业和一些竞争力相对比较强的企业可以选择"头部市场"作为重点覆盖品类，结合企业自身的品牌度及营销能力往往可以在红海市场中占有一席之地。但是一些中小型电商企业如果直接进入红海市场，面对相对比较激烈的竞争是十分不利的，因此建议中小型电商企业可以选择"长尾市场"作为重点覆盖品类，从中进行突破。

上面我们介绍了关于女装选款的内容，但是服饰易受气温、地域、喜好、流行元素的影响，下面我们将用一个标品来举例说明，方便大家理解。

国内某一线炊具品牌在全国各地有几十家分销商，在炊具品类中，市场成交额最大的是"炒锅"这个品类，占据整个炊具市场成交额的 40%左右，该品牌的分销商大多也都将"炒锅"作为主营品类。在线上销售中，用户获取的信息对称性较高，他们往往都会购买销售最火爆的产品，导致了卖的多的几个商家的产品持续领先，占据了大部分的市场份额。但是在残酷的市场竞争下，其他分销商的销售业绩则非常不理想。

面对这种情况，一家武汉的分销商就另辟蹊径，选择了"压力锅/高压锅"这个细分类目作为重点覆盖品类，做这个炊具品牌下"压力锅"子类目的产品。

如表 5-1 所示，压力锅，这个细分市场的成交额只占到了整个炊具市场成交额的 8%左右，属于典型的"长尾市场"，即整体成交额相对较低，但是市场竞争度也相对较低。该品牌的炒锅市场量大，但是商家竞争很激烈。由于电商突破了地域的限制，再小的市场都有可能获得全国甚至全世界的消费者，最终，这家分销商就利用仅占 8%左右成交额的长尾品类，成功做到销售业绩在所有分销商中排名前三。这对于整个店铺的发展具有重大的意义。

表 5-1 某品牌炒锅和压力锅的商家销量排名

商家排名	炒锅销量/个	压力锅销量/个
1	21 118	5593
2	16 460	5205
3	13 060	3470
4	9720	2223
5	9138	2007
6	8108	1358
7	5006	952
8	4774	901
9	4764	799
10	3902	697
11	3768	682
12	3724	596
13	3538	558
14	3272	531
15	2052	505
16	1970	404
17	1938	396
18	1762	389
19	1720	382
20	1632	377
总量	121 426	28 022

　　这是一个典型的成功利用"长尾市场"取得骄人业绩的营销案例,这样的例子,在电商领域数不胜数,从竞争对手相对较弱的"长尾市场"切入,在竞争度较低的环境中锻炼并壮大自己,再逐渐寻找机会切入"头部市场",是一种初入电商时,比较推荐给大家的"捷径"。

5.2.2 产品测试

1. 产品测试的意义

　　产品测试的意义在于通过产品短期的市场投放,快速获取市场的反馈数据,从而可辅助商家完成产品的营销定位。

　　商家在建立货品规划时,要调用大量的行业数据,但是必须要明确一点,行业数据代表的仅仅是行业,并不能说明个体的问题。例如,通过分析行业数据发现,在"女装"类目下，"连衣裙"市场需求旺盛，但这并不说明你的店铺中的这个产品一定能卖得好。然而如果把这个产品作为主力产品，盲目地大批量进货，那么产品一旦过季，就会形成大量的库存。如果将这个产品先投放市场，获取这个产品在市场上流通时消费者的反馈数据，再与店铺中其他产品的反馈数据进行对比，就能更加精准地获得市场定位，例如，哪些产品可以带来更多的销售额、哪些产品可以带来更多的利润、哪些产品可以作为品牌形象以降低店铺的经营风险。

在获取数据的过程中，每家企业都非常迫切地想要在更短的时间内获取足够的数据。因为当数据样本过小时，测试结果并不准确，而要想获得更大的数据样本，往往也需要付出更长的时间。在这个过程中，启动推广工具可以帮助商家更快地获取流量，在更短的时间内得到更大的数据样本。虽然在这个过程中企业会付出一定的推广费用，但是相比更宝贵的时间，这样的付出是值得的。

2. 产品推广测试的方法

（1）直通车推广测试

产品推广测试的方法有很多，不同的方法各有利弊。淘宝直通车测试是指商家利用消费者对关键词的搜索及喜好等购买意向，通过有意识地对关键词及购买意向位置进行付费，将自己的产品推荐到消费者面前，然后根据产品的展现次数、点击次数、加购物车数量、购买金额等指标进行分析，通过分析对比，从而了解产品的市场前景。产品在直通车测试过程中得到的反馈数据越好，产品未来在搜索环境中的表现也越为理想。但是商家利用直通车测试的弊端也比较明显，因为在直通车中每个关键词同时可展现的产品数量有限，所以可同时测试的同类产品数量就会相对较少，而且如果需要快速得到结论，就会有较高的资金花费。直通车推广测试相对来说更加适用于较少产品的推广测试及重点产品的推广测试。

利用直通车进行推广测试时，一般只使用站内关键词来进行推广测试，关闭定向等流量入口。这样关键词推广的流量来源第一比较单一，第二因为关键词是进行搜索之后出现的展示位，在测款时数据也比其他直通车流量来源可靠。如果商家在测试过程中无法控制好每个产品的流量来源，导致测试环境差异较大，那么最后的测试结果将失去参考意义，如图 5-13 所示，直通车投放平台，可以设置在计算机设备和移动设备进行投放。

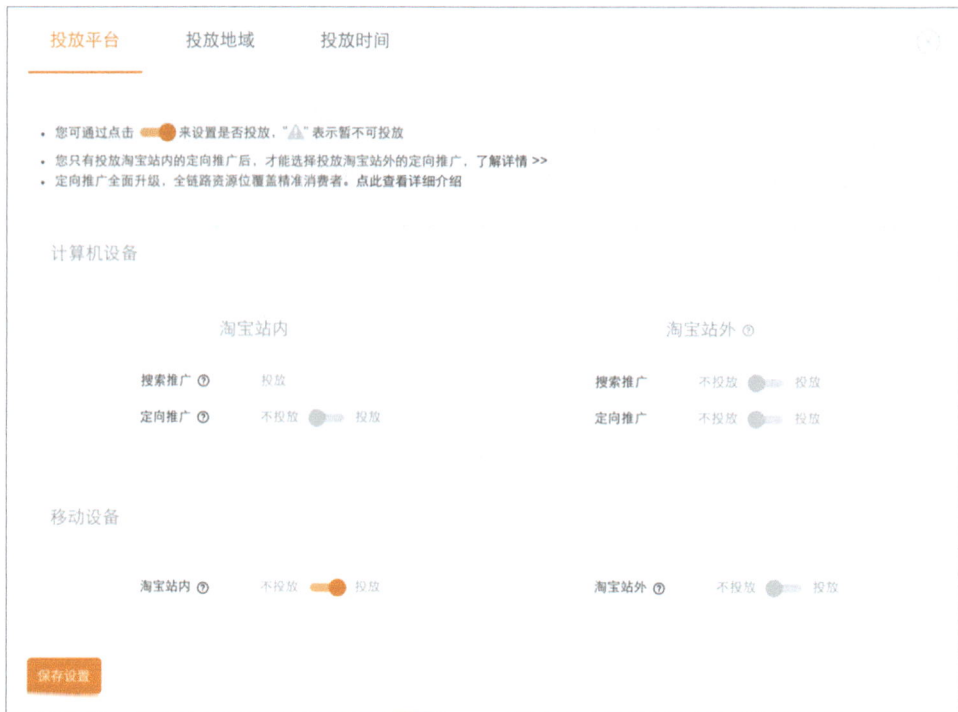

图 5-13　直通车投放平台

在使用直通车关键词进行推广时，建议商家可以选用在类目中流量占比较大的核心关键词，也就是通常所说的大词、热搜词或者一级词。例如"羽绒服"就是一个一级词，"短款羽绒服"就是二级词，而"2018 短款羽绒服"就是三级词，因为这类核心关键词可以适用于类目中相匹配的大多数产品。例如，要测试两款羽绒服，一款是长款毛领羽绒服，另一款是短款羽绒服。这时使用"长款毛领羽绒服"或者"短款羽绒服"这样的关键词进行搜索，都不太合适，因为这两个关键词的市场搜索量都不相同，所以获取的测试数据无法进行对比，而这两款羽绒服都适用于"羽绒服""羽绒服 2018 新款"这样的核心关键词，所以使用同样的关键词进行测试时，在同样的推广测试环境下获取的数据，才有对比分析的意义。这样的核心关键词往往也是在行情中搜索量、展现量及点击量最大的词，这样可以更快地累积到足够的数据，更快地得到商品测试结果。商家可以在图 5-14 生意参谋流量板块中选择选词助手，然后点击行业相关搜索词并按照全网搜索热度进行排序，就可以参考一部分关键词数据。然后再根据相关性进行删选并加入一些核心关键词，如"羽绒服女

2018 新款"，再往下继续寻找相关性高的关键词时发现"毛衣女 2018 新款""棉衣女 2018 新款"和"面包服女"都不合适，如面包服适用于"长款毛领羽绒服"但是不适用于"短款羽绒服"。

图 5-14　生意参谋相关行业热搜词

　　商家在测试过程中，可以适当地提高关键词的出价，因为这些大词也是同行竞争较多的词，出价太低将获取不到足够高的展示位，没有展现量，自然就没有点击量来进行数据累积。常规来说，非标类产品的有效排名显示比较多，例如，服装类目中的"卫衣"这个关键词，可能在搜索结果页中，移动端翻了 10 页都会有不同的产品出现，所以买家会翻的页数也会比较多。而标类产品，如"微波炉"这个关键词在移动端搜索页面中可能翻几页，搜索结果中呈现的产品都差不多，可能就是不同的品牌之间的价格不同，加上一些品牌还会进行控价，价格就会出现大量的重复，那么买家就可能只浏览一两页就不往下浏览了。所以像"羽绒服"这种产品在测试推广中就需要把产品的关键词排名控制在较高的展示位上，图 5-15 所示为关键词自定义出价，在自定义出价中大概一小时左右商家就要根据平均展示位的位置调整出价，以便获取足够的流量。

图 5-15 关键词自定义出价

在此要强调，在测试推广过程中肯定会花费推广费用，而在测款阶段，产品没有高销量、没有卖家秀、没有评论，投产肯定会很低，甚至可能是零。但是测试这个过程是一定要经历的，如果商家没有测款，没有足够的数据支撑来进行测款结果的分析，盲目地进行产品定位，给店铺造成的损失可能会非常大。如图 5-16 所示，报表测款分析在同一个营销场景下，我们可以发现第二个款的点击率偏高，这可能是由于商家具有用图片来吸引买家的能力，但是最重要的是产品款式受市场欢迎，点击率高只能说明访客比较喜欢这个宝贝或者这个图片，如果再加上后面点击进来单品页面后的收藏加购量，商家就可以侧面求证这个款受市场欢迎的程度，从而来确定这个款是否可以成为后期的主推款。

商家在测试过程中，建议在无线端的直通车平台投放推广，因为现在绝大部分类目，无线端都是主要流量的来源。在获取直通车数据进行产品对比时，一方面要对比哪个产品更好；另一方面还要与行业进行对比，对比产品的反馈数据是高于行业的平均值，还是低于行业的平均值。商家可以通过直通车后台的流量解析工具中的数据透视模块来获取关键词的行业数据，如图 5-17 所示。如果产品的反馈数据严重低于行业平均值，商家就要反思是什么原因导致的，是否是产品的竞争力不足，从而决定产品的营销定位。

图 5-16　报表测款分析

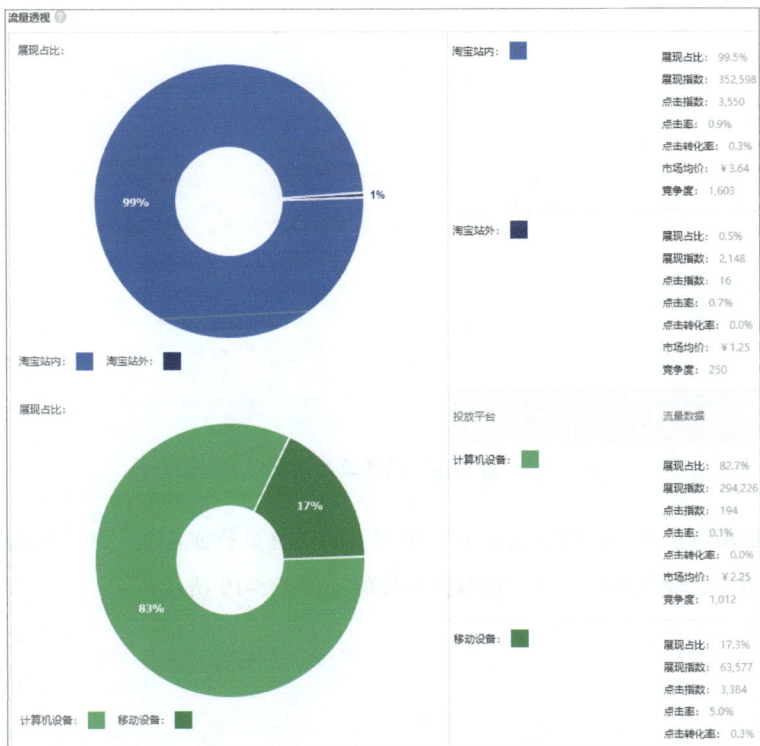

图 5-17　直通车流量解析工具中的数据透视模块

（2）钻石展位测款

钻石展位测款，简称钻展测款，主要是作为直通车测款的补充，如夏天做秋冬款产品测款，为后续预热做准备，但在夏天的时候，秋冬款的产品相应的搜索量是很小的，如果单用直通车去做推广测款，因搜索量太小，可能会出现流量不足的情况。如果测款想要更快地完成，需要的流量很多，就可以用钻展进行流量补充，来进行测款。钻展测款有单品推广和全店推广两种模式。

① 单品推广：首先选择钻展的单品推广模式，选取要测试的宝贝，然后选择访客定向和相似宝贝定向选项，如图 5-18 所示。

图 5-18　钻展单品推广

接着添加溢价资源位，商家可针对手机淘宝的"首页猜你喜欢"和手机淘宝的"购中猜你喜欢"两个资源位进行溢价，重点去做投放，如图 5-19 所示。

添加溢价资源位					总计: **2** 个资源位, 流量预估:
资源位名称	网站属性	设备平台	日均可竞流量	溢价比例	建议溢价比例 ⓘ
溢价助手 (快速溢价)				批量溢价 [ ] 应用	
☑ 手机淘宝_首页猜你喜欢 New	站内	无线	466,417,063	130 %	130%
☐ 手机淘宝_购中猜你喜欢 New	站内	无线	4,385,031,278	%	130%

图 5-19　钻展添加溢价资源位

最终根据报表中数据，对比推广单品的点击率、点击单价和转化率的指标，来选择重点商品，如图 5-20 钻展数据所示，对比数据后，第二款综合数据较高，商家可选择该款商品作为主打款。

状态	单元基本信息	添加购物车量	成交订单量	成交订单金额	点击率	点击单价	点击转化率	投资回报
▶		180	5	5,903.88	0.43%	0.85	0.28%	3.82
▶		231	10	20,850.48	0.74%	1.02	0.56%	11.41

图 5-20　钻展数据

② 全店推广：商家可制作无线端淘积木页，然后添加要进行测款的产品组做成产品承接页，而且可以做多个淘积木页面，然后针对宝贝的顺序进行轮排，保证大部分产品能有较为靠前的位置，可以获得足够的流量，如图 5-21 所示。

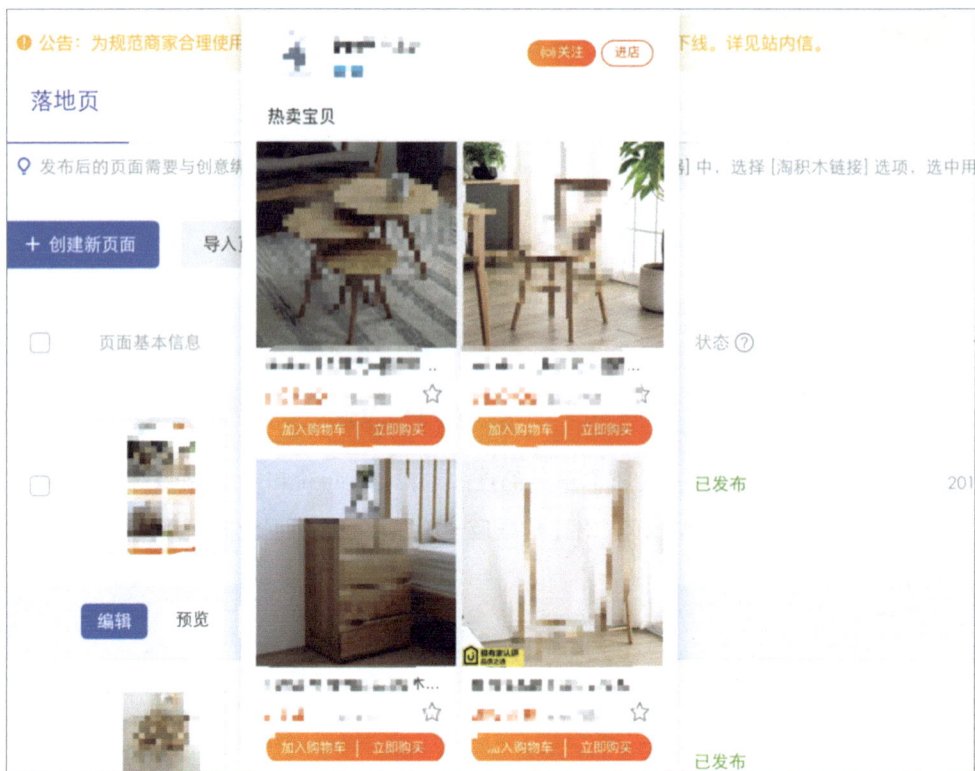

图 5-21　钻展添加溢价资源位

关于创建测款计划，商家可选择拉新定向中的"相似店铺—宝贝同质店铺""相似店铺—买家人群同质店铺"，也可自定义设置添加想要锁定的店铺人群，而资源位选择手淘焦点图，如图 5-22 所示。

图 5-22　钻展资源位选择

图 5-22　钻展资源位选择（续）

全店推广是商家通过淘积木的形式，先引流到产品集合页面，再跳转到单品页面，产生点击及后续的收藏加购行为，最终根据生意品类的数据来进行对比测试，选择店铺的潜力款。

（3）店内引流测试

对一些本身流量就相对比较大的店铺来说，完全可以利用店铺自身的流量来进行引流，然后将流量引至测试承接页中，进行产品测试。

在进行店内引流测试时，需要在店铺中曝光量最大的位置，开通通往测试承接页的流量入口，并且明确入口内容。一般来说，常用的流量入口位置可以设置在店招中，如图 5-23 所示。因为每一个进入店铺的用户都会看到店铺的店招，但是在店招中放置的流量入口一般不建议出现调试产品。

图 5-23　店招中的流量入口示例

商家也可以在店铺的详情页中放置承接页的流量入口，如图 5-24 所示。因为点击率的需要，这里的流量入口的素材中出现了产品。在流量入口的素材中如果需要出现产品，则建议采用已经明确定位的产品。

图 5-24　详情页的流量入口示例

店内引流测试的承接页设置与钻石展位引流测试的要求一致，也是通过规则型产品陈列及上下行轮播的方式来把控测试环境的一致性。

（4）产品测试数据分析

商家通过不同的测试方法获得产品的测试数据后，需要关注几项核心数据指标。这几项指标也是未来在产品的实际运营中所需要关注的核心指标，其中包括点击量、点击率、转化率、收藏率、UV 价值等，如表 5-2 所示（图中的 PPC 意指平均点击花费）。

表 5-2　产品测试核心数据指标示例

品类	货号	点击量/次	点击率	转化率	收藏量/件	收藏率	毛利/元	UV价值	PPC	UV利润
针织衫/毛衣	61501	531	0.85%	2.23%	17	3.20%	59	1.3157	1.79	-0.4743
	61502	491	0.69%	1.92%	15	3.05%	72	1.3824	1.72	-0.3376
	61503	422	0.68%	3.12%	12	2.84%	49	1.5288	1.52	0.0088
	61504	716	0.82%	1.79%	15	2.09%	65	1.1635	1.88	-0.7165
	61505	109	0.32%	0.99%	2	1.83%	40	0.396	2.11	-1.714
	61506	344	0.52%	1.71%	7	2.03%	39	0.6669	1.8	-1.1331

　　点击率是直接反映消费者对产品兴趣度的关键指标，在展现量相同的情况下，产品的点击率越高，说明顾客的关注度也就越高，获取的流量也会越大。较高的点击率也更容易提升产品的展现量，从而形成一种良性循环。

　　转化率是直接反映消费者对产品接受度的关键指标，在访客数相同的情况下，产品的转化率越高，可以获得的成交量也就越大。转化率还会影响到未来产品的搜索展现量，同时很多其他指标也都与转化率这项指标有着密切的联系。

　　收藏率是在产品无法获得转化率时的一个替代性指标，表示了消费者现在虽然未购买，但是对产品持一种认可的态度，比较著名的案例，就是每年的"双 11"之前，商家都积极鼓励顾客将商品提前加购入物车，待到 11 月 11 日 0 点，所有优惠生效的时候，统一下单。通常店铺收藏率高的话，可能因为产品处于预售状态、还未生产或者是有些产品的转化周期长。再比如家具类产品，消费者从第一次浏览这款产品到最终购买可能会经过 10 天、15 天甚至更长的时间，可能在比较心仪但还想多浏览商品进行挑选的情况下收藏加购以备选。这样在测款的过程中就出现了无法获得转化率指标的情况，就会使用收藏率这个指标来替代转化率。因为在一般情况下，收藏率越高的产品转化率也会越高，这两者都是反映消费者对产品接受程度的指标。

　　UV 价值是考量商品每个 UV 贡献销售额能力的一项指标，其计算公式是：UV 价值=客单价×转化率。例如，一个产品的售价为 400 元，转化率为 20%，那么 100 个访客浏览了这个产品后会有 20 个人成交，每笔订单的客单价为 400 元，则总成交金额共为 8000 元。因为这 8000 元的销售额是由 100 个访客贡献的，所以平均每个访客可以贡献 80 元的销售额。我们用以下公式来帮助理解。

$$UV 价值=销售额/访客数=8000/100=80$$

$$销售额=访客数×转化率×客单价=100×20\%×400=8000（元）$$

$$UV 价值=客单价×转化率=400×20\%=80（把上面第二个公式带入第一个公式中$$
$$即可得出本公式）$$

　　单个访客的贡献价值越高，同样的流量所贡献的整体销售额也越高，我们也就可以根据销售额目标来反推每款商品需要多少流量。

　　UV 利润是考量产品每个 UV 贡献利润能力的一项指标，其计算公式是：UV 利润=毛利×转化率。例如，一个产品的售价为 500 元，利润为 100 元，转化率为 10%，那么 100 个访客浏览这个产品后有 10 个人成交，总成交金额为 5000 元，利润为 1000 元，那么这 1000 元的利润是由 100 个访客贡献的，平均每个访客贡献 10 元的利润。当得知每个 UV 所能贡献的利润值时，我们可以与每个产品的流量获取成本进行比对。用某款产品的 UV 利润减去这款产品的流量获取成本，就可以得到这款产品的点击利润值。通过 UV 利润这项指标就可以得知这款产品在推广过程中可能出现的盈亏情况，从而做出产品的推广盈亏预算，具体可以参考以下算法（前期测款一定要有足够的数据支撑，这样数据才具有一定的可参考性）。

产品的推广盈亏预算=（UV 利润-平均点击花费）×点击量

测款中最重要的一点是产品一定要符合市场的需求，商家通过的选款维度找一些款，然后在推广测款中着重注意点击率和收藏加购率，特别是提前季节的测款，最后根据测款的数据，我们可以做推广盈亏预算。

5.2.3 产品营销定位

1. 产品营销定位的意义

通过产品测试的环节，获得了产品在投放市场后的反馈数据，商家便可以利用这些数据对产品进行营销定位，赋予这些产品不同的使命，从而采取不同的经营方式，完成引流、销售等一系列工作。

在整个产品营销线上，需要有不同的产品角色去完成不同的使命。有的产品是为了引流而生的，肩负着提高整个店铺搜索流量的任务；而有的产品用于针对不同的活动平台进行促销；有的产品的整体销量并不高，但是带来的利润却非常可观；还有的产品或许没有销量，却是店铺品牌形象的象征。店铺要根据不同的营销需求，给予产品不同的营销定位。

2. 产品营销定位的划分

（1）产品使命

每个产品都有自己的使命，一般来说，产品的使命分为获取客户和获取利润两种。对于获取客户，商家可以通过搜索渠道获得客户，也可以通过在活动平台中曝光来获得客户；对于获取利润，商家可以通过高毛利率的产品来获取利润，也可以通过降低推广成本的方式来获取利润，还可以通过提升品牌的调性，增强品牌的溢价能力，来获取更多的利润。

产品的使命并不是根据商家的想象所赋予的，而是根据不同产品在测试期间体现出的数据特征来赋予的。

（2）建立产品矩阵

① 引流款产品。因为店铺的销售额=访客数×转化率×客单价，如果一个店铺中没有访客，则一切都是空谈。商家想要更好地从搜索渠道中获取流量，可以打造爆款单品，从而可以通过提高搜索算法中的销量因素及利用消费者的"羊群效应"来获得更好的搜索排名，从而获取流量。但是并不是所有的产品都能起到引流的作用，有些产品即使投入大量的推广资金，可能由于产品不具备引流款产品的特征，效果也并不理想。那么店铺就要通过对比测试结果数据，从整个产品线中找出具备引流款产品特征的产品。

如图 5-25 所示的楠竹置物架引流款，一般商家的采购价在 40 元左右，加上运费、推广费用，这个价钱还是要亏损的，但是如果能通过这个产品将用户吸引到店铺，并且该用户还购买了其他的产品、更贵的产品，或者买了可以提升客单价的产品，分摊了运费和推广费用，也还是可以赚钱的。

图 5-25　楠竹置物架引流款

　　引流款产品首先需要具备的特征是"推得动",所谓"推得动"就是产品在投入推广资金后,获取流量的能力比较强。从数据层面来看,引流款产品需要具备的基本条件是有较高的点击率。因此,可以将同类产品中点击率相对较高的产品找出来,通过直通车测款计划中的平均点击率来进行筛选,将高于其他产品的款选出来,暂时定义为"推得动"的商品。接下来再来对比这些产品核心关键词的搜索量,因为如果只有高点击率,而市场的搜索人数较少,则这个产品的引流能力也会相对有限。最后,在产品中找出点击率和搜索人数相对较高的产品。如图 5-26 所示的第三个点击率为 9.63%的款式即是楠竹置物架的引流款。它在同期新建的测款计划中,点击率最高,并且出价在没有特意拉高的情况下花费数据也较多。

图 5-26　楠竹置物架测款计划数据

　　引流款产品还需要具备的特征是"卖得动"。如果产品只是"推得动"但是转化率极低,就很难在搜索排序中获得较好的排名,得到的展现量也会相对较低,所以商家要在前面提取出的点击率和搜索人数相对较高的产品中,挑出转化率相对较高的产品。如图 5-27 所示,从楠竹置物架生意参谋数据可知,常规店铺里面的流量款和引流款往往是同一个款。

　　同时,引流款产品是需要通过推广来打造的,店铺一旦对这款产品启动推广,就意味着要投入营销费用,所以还要对比产品的 UV 利润,避免推广时产生亏损。

　　总之,商家选择引流款产品的原则是"推得动""卖得动""推得起",要给点击率、搜索量、转化率和 UV 利润相对较高的产品赋予引流的使命。

② 活动款产品。活动款产品也是为了帮助店铺获取新客户，只不过引流款产品获取新客户的渠道是在搜索端，而活动款产品获取新客户的渠道在活动频道。很多店铺一直在抱怨自己在报名参加活动时总是通不过，这时就要考虑自己的产品是否适合参加活动。

例如，参加"聚划算"活动，首先要知道自己所经营的商品所属的一级大类下，哪些产品在活动平台的需求更强，哪些产品的全年活动次数较少。一般来说，报活动就要用店铺里的引流款（爆款），如图 5-27 所示为楠竹置物架引流款的生意参谋数据。

商品	商品访客数	商品加购件数	支付件数	支付金额	支付转化率
楠竹架子简易	52,480 -0.77%	8,972 -1.36%	2,376 +0.21%	134,978.17 -0.11%	3.41% +0.89%
多层厨房微波	5,203 +1.38%	361 +5.25%	42 +7.69%	6,961.89 +8.56%	0.77% +6.94%
楠竹多层简易	3,998 -1.96%	502 -1.76%	102 -0.97%	6,296.32 +0.27%	2.35% +0.86%
多功能置物架	2,733 -1.55%	362 -2.43%	56 -3.45%	3,177.48 -1.68%	1.87% -2.09%
楠竹简易书架	1,547 +1.38%	187 -1.58%	26 -3.70%	3,016.11 -3.83%	1.55% -5.49%
楠竹多层置物	1,303 -0.46%	126 -0.79%	13 0.00%	2,347.37 0.00%	0.92% 0.00%
楠竹简易厨房	710 +1.28%	49 +4.26%	4 +33.33%	557.20 +31.11%	0.42% +44.83%
楠竹简易小架	332 +1.53%	13 0.00%	0	0.00	0.00%
楠竹儿童客厅衣	323 +0.31%	39 -2.50%	6 0.00%	453.20 0.00%	1.55% 0.00%

图 5-27 楠竹置物架生意参谋数据

③ 利润款产品。在产品的营销定位中，有些产品需要肩负赢利的任务。这些产品的销量未必是整个产品线中最高的，但是带来的利润却非常可观，往往这些产品也不用投入过多的营销推广费用。

　　什么样的产品适合成为利润款产品呢？需要具备以下几个特征。首先，这个产品要有一定的市场容量，如果产品的市场需求量低，会制约单品销量，即使毛利率较高带来的利润也会很有限。其次，这个产品一定与引流款产品或者是活动款产品的关联性较好，因为店铺一般不会对利润款产品投入太多的营销推广费用，所以这类产品的流量大多来自店铺中的其他产品，这样也避免了与其他同类产品在搜索结果页或者活动促销平台形成明显的价格对比的情况。如果店铺中流量占比相对较大的引流款产品和活动款产品能与利润款产品形成较好的关联，那么利润款产品的销量也会相对提高，带来的利润也会更可观。当然，还有一个前提就是相比其他产品，利润款产品的毛利率要相对较高。如图 5-28 所示，楠竹置物架店铺利润款产品，在店铺的销量并不高，但都是层数比较多、板材较厚的产品，毛利也比流量款多不少。

图 5-28　楠竹置物架店铺利润款

④ 边缘产品。在以引流款、活动款、利润款为目的筛选完店铺的整个产品线后，会发现有一部分产品"无家可归"了，这些产品被称为店铺的边缘产品。边缘产品一般就是为了补齐店铺的整个产品线，覆盖市场需求的一些子类目，同时在市场变化的过程中等待机会蜕变成其他使命的产品。如图 5-29 所示为楠竹置物架店铺的边缘产品衣帽架，因为有类似的客户群体，再加上有多种供选择，所以相对还是有一定销量的。

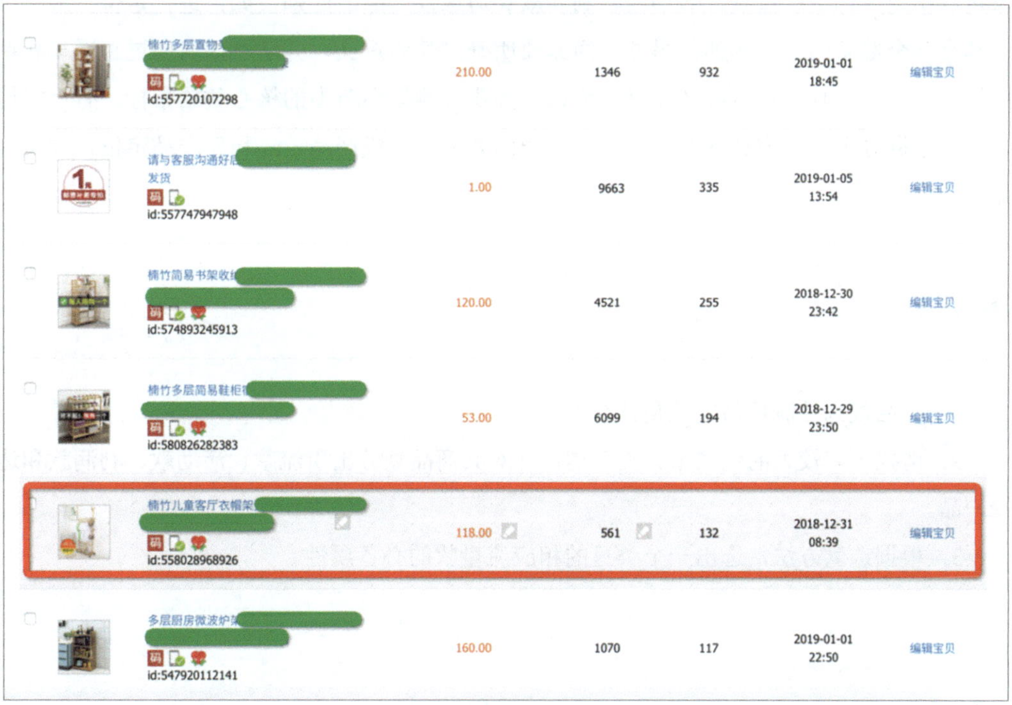

		价格	销量	收藏	时间	
	楠竹多层置物 id:557720107298	210.00	1346	932	2019-01-01 18:45	编辑宝贝
	请与客服沟通好后发货 id:557747947948	1.00	9663	335	2019-01-05 13:54	编辑宝贝
	楠竹简易书架收 id:574893245913	120.00	4521	255	2018-12-30 23:42	编辑宝贝
	楠竹多层简易鞋柜 id:580826282383	53.00	6099	194	2018-12-29 23:50	编辑宝贝
	楠竹儿童客厅衣帽架 id:558028968926	118.00	561	132	2018-12-31 08:39	编辑宝贝
	多层厨房微波炉 id:547920112141	160.00	1070	117	2019-01-01 22:50	编辑宝贝

图 5-29　楠竹置物架店铺的边缘产品衣帽架

本章小结

本章主要讲述货品规划的概念、目的、流程，以及货品规划的一些方法。通过本章的学习可以让商家认识到在电商中选品的重要性，并且了解如何通过市场数据分析、明确店铺的产品重心，提升货品的组织能力及测试、定位能力，能够找到市场的正确切入点。商家可以学习店铺中引流款、活动款、利润款和边缘性产品的区别及如何进行定位，最终可以建立一个健康的产品序列。另外，商家要明确测款的意义，并学习如何通过直通车和钻展这样的付费工具去对店铺产品进行测试，并明确测款环节中的核心数据指标，有针对性地进行数据分析，完成测款的程序。最终帮助新店铺完成产品矩阵和新产品定位，并实现盈利。

本章习题

1．货品规划的流程与方法是什么？

2．请找一家较大的住宅家具类店铺，并对其商品划分出引流款、活动款、利润款和边缘产品。

3．根据选款方法，选出一个类目的相应流量款的必备属性。

第 6 章

客户画像

6.1 客户画像的概念和目的

6.1.1 什么是客户画像

　　客户画像就是卖家从多个维度对本店受众客户群体的特征进行描述，然后总结出有相同点的客户全貌。客户画像是通过客户不同维度的各种特征描述，来区分出店铺的受众群体与其他群体的不同，目的是寻找并明确客户需求，完成客户营销。

　　客户画像是由大量客户标签组成的，就像对一个人而言，男性、30 岁、黄皮肤、短发、身高一米七五左右、喜好音乐、有车一族等都是标签。这些所有给客户贴的标签综合在一起，就形成了一个画像，也可以说客户画像就是判断一群人是什么样的人（性别、年龄、兴趣爱好、家庭状况等）的工具。

　　餐饮行业中常说的"众口难调"是指客户喜好是多种多样的，很难用同一种商品满足所有客户的需求。例如，"吃饭"是为了满足人们的生理需求，但是在基础功能之外的其他维度中，有的人喜欢吃快餐，有的人喜欢吃火锅。吃快餐的人，在肯德基、黄焖鸡米饭、沙县小吃等餐饮店中进行选择；吃火锅的人，到了海底捞享受的是细致入微的服务，在东来顺则享受的是一涮即熟、久涮不老的传承，而选择潮汕牛肉火锅又是为了品味食材最原始的鲜美，如图 6-1 所示。另外，还有川菜馆、湘菜馆、粤菜馆、客家菜馆等，以满足不同客户群体的饮食需求。

（a）肯德基餐厅　　　　　　　　　　　　　　（b）黄焖鸡米饭

图 6-1　餐饮商家示例

(c) 东来顺饭庄　　　　　　　　　　　(d) 潮汕牛肉火锅

图 6-1　餐饮商家示例（续）

在各种服务行业中，从业人员有意无意、或多或少都会自发地对客户进行画像，会用一些比较模糊或相对清晰的形容词来描述自己的客户群体。电商企业虽然不能像实体店那样通过面对面的交易得到形象的客户画像信息，但商家能比较容易地获得客户消费数据和属性特征数据，也就是说，在拥有各种画像素材的基础上，完全可以把客户画像准确而形象地勾勒出来。

6.1.2　客户画像的目的

客户画像的目的是了解客户。当看到一个熟悉的品牌名称或标识时，我们首先会想到什么？我们的脑海里往往会出现一个品牌形象：卖什么、什么价位、商品品质、服务水平等，这就是品牌画像。品牌不是让客户主动去描述，而是企业结合企业特征，对品牌进行定位，对外塑造生动的品牌形象，对内赋予更多的理念和文化，把品牌画像丰满、清晰地描述出来，并不厌其烦地展现在客户面前，让客户在众多品牌中认识并记住这个品牌。从过去较为传统的生产模式中"企业生产什么就卖什么给用户"的原则，在战略方向不变的情况下转变为"用户需要什么企业就生产什么"。

例如，淘宝的"千人千面"，在以前没有的时候，是大家自己去找心仪的商品，但现在只要浏览过，系统就会根据你最近的关注点推送相关的商品给你。

客户画像在店铺营销的不同阶段会有不同的作用。在前期规划中，商家要把产品卖给正确的人，明确自己的市场定位，找到这个人群的共同点——喜欢什么、不喜欢什么、行为模式、平均消费客单价等，帮助店铺确定整体运营节奏和选择相应有效的推广手段，确保店铺在发展思路和方向上没有大的偏差。

中期，商家则要完善优化产品及运营，找出产品的核心卖点去优化产品，完善店铺首页、详情页等；在提升客户满意度方面，客服售前、售后要完善沟通方式，深入了解买家咨询的问题；精细化营销，提升经营效益，参照前期的访客量，总结出人群画像，然后在直通车中进行精细化投放。

商家可将反馈的数据进行分析，通过访客数和下单买家数的高低峰（见图6-2）来判断客户群体的活跃时间，另外，可根据评论和售后反馈的问题来优化产品结构。

商家后期可结合老产品判断出什么是新产品不可或缺的卖点，了解换新产品后老客户的反应和接受时间及新产品的访客量。这样对于店铺产品更新换代来说有一个更好的保障。

图 6-2　访客数和下单买家数的高低峰

6.2　客户画像的流程和方法

客户画像的流程主要分为三大块：明确营销需求、确定客户画像的维度和度量指标、客户画像和营销分析。

6.2.1 明确营销需求

我们经常说，商场如战场，其一方面是指同行之间的竞争关系；另一方面是指要赢得客户的认可，并让其忠于品牌，也就是要长期"捕获"客户。商家在各种营销活动中都要对目标客户进行精准营销，利用有限的营销资源 "捕获"更多的目标客户。商家要做到精准捕获，获得客户的"情报"尤为重要。所以，客户画像在很大程度上就是客户地图、客户情报；有了客户画像，商家的营销才能做到精准。

对电商企业而言，在整个数据化营销过程中，需要解决的四大核心问题是流量、转化、客单价和复购率。

① 流量，即要解决"如何让客户来"的问题。要让客人来，首先要了解客户，从而才能精准地安排推广方案，将诱人的商品、劲爆的促销活动、好玩的互动等定向展现在目标客户面前。有展现才有点击，有点击才有流量。所以，为了解决流量问题，我们需要从新老客户资源、购买地域分布、平台（移动端和 PC 端）、浏览习惯等方面对客户人数多少、占比多少进行描述，然后相对应地进行精细化安排。

在前期，新店铺可用推广测试的方法开始投放流量，在没有测款的时候，也可以主要在直通车移动端投放核心词，可以先不投钻展，在店铺卖家信用达到一钻之前也是没法投放的。有基础的店铺可以在直通车内设置相对应的自定义人群进行精准投放。

② 转化，即要解决"如何让客户买"的问题。要让客户买，商家就要知道客户的需求和喜好，为不同的客户推送不同的商品，尽量满足客户的需求。同样的商品在不同的地域、面对不同的流量来源时，转化率会有比较大的差异，在营销资源有限的情况下，商家有必要从转化率高的目标群体中引进流量。所以，为了解决转化率的问题，我们需要从新老客户的区域分布、平台（移动端和 PC 端）、购物平台浏览习惯（来源）等方面对客户的转化率进行描述然后进行提升。在前期基础销量较低的时候，商家可以安排阿里妈妈营销工具里的淘宝客（见图 6-3），进行投放然后可以模仿业内销量好的店铺去装修详情页，但是注意不要盗图。后期则要做好售后，如管理好买家秀和评论，这样有助于后期新访客的转化。

图 6-3　淘宝客入口

③ 客单价，即要解决"如何让客户多买"的问题。要让客户多买，商家就要知道哪些客户会多买，然后匹配不同价位、不同搭配方案给相应的客户，如通过搭配购买、组合满减活动、优化 SKU（库存量单位）等方式。暖宝宝 SKU 如图 6-4 所示。

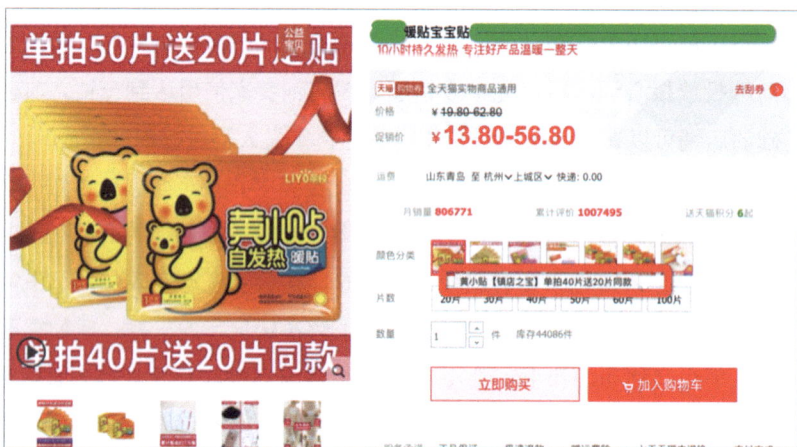

图 6-4　暖宝宝 SKU

④ 复购率，即要解决"如何让客户再买"的问题。要让客户再次购买，商家就要知道哪些客户再次购买的概率会更高。所以，商家就需要从区域分布、购物平台、浏览习惯等方面对客户的复购率进行研究，另外，在钻展中可以向店铺的老客户投放，也可以在如图 6-5 所示的用户运营中心建立买家淘宝群。

图 6-5　用户运营中心

6.2.2 确定客户画像的维度和度量指标

1．从多维度进行客户画像的目的

商家要比较准确地描述一个客户，仅从一个维度进行度量和描述是不够的。例如，要描述一个人，如果仅有身高没有体重，那么我们对其身材就很难有比较形象的感知，所以描述一个人的身材起码要有身高和体重两个维度。对成年女性往往还需要增加"三围"等数据对其身材进行描述，才能感知更加形象的体形。

商家要想比较全面而精确地了解客户，同样需要从两个或两个以上维度进行度量和描述，这样客户画像才会立体而饱满。然后对现存客户进行分析，如现存客户怎么样、有什么消费习惯和商品喜好等，以及潜在客户在哪儿、喜欢什么、通过什么渠道获取、获取成本是多少等，这样精准营销才具有应用价值。

2. 客户画像的常见维度和度量指标

商家进行客户画像时，需要从营销需求出发，梳理出画像的维度、度量指标及表达特征或形式。

对客户画像常用的维度有：购买时间（R）、购买次数（F）、购买金额（M）、地域（国内外）、来源（一级、二级、三级）、性别、年龄、平台（指移动端平台、PC 端平台）等。

通常使用不同的维度对客户进行描述时，采用的度量指标也是不同的，下面我们介绍一些用于描述客户的常见度量指标。

① PV：也叫页面浏览量，即页面被查看的次数；如果客户多次打开或刷新同一个页面，则用该指标值累加计算即可。

② UV：也叫访客数，即全店各页面的访问人数，在所选时间段内，如果同一访客多次访问进行去重计算即可。

③ 浏览回头客户数：即最近 7 天内跨天再次浏览的客户数；对于当天回访的客户数，在所选时间段内会进行去重计算。

④ 平均访问深度：访问深度是指客户一次连续访问店铺的页面数（即每次进店浏览的页面数）；平均访问深度即客户平均每次连续访问浏览店铺的页面数。

⑤ 成交客户数：即成功拍下商品并完成付款的客户数，按付款时间统计。

⑥ 成交金额：即成功完成付款的金额，按付款时间统计。

⑦ 转化率：其计算公式为转化率=（成交客户数/UV）×100%。

⑧ 客单价：其计算公式为客单价=成交金额/成交客户数。

⑨ 成交回头客户数：曾在店铺发生过交易并再次发生交易的客户被称为成交回头客户，在所选时间段内要进行去重计算（生意参谋的统计标准为最近一年再次成交的客户算回头客）。

6.2.3 客户画像和营销分析

在明确了营销需求和画像的维度后，我们就可以针对目标客户，从不同层面、不同维度进行画像和营销分析，具体可以从以下几个方面对客户进行画像。

1. 整体客户画像

（1）客户性别比例

在生意参谋访客分析中显示，店铺访客中女性偏多，成交客户也以女性为主（见图 6-6），商家通过一些数据便可以得知女性客户是家庭日用品、服装等商品的主要搜索人群和购买人群。

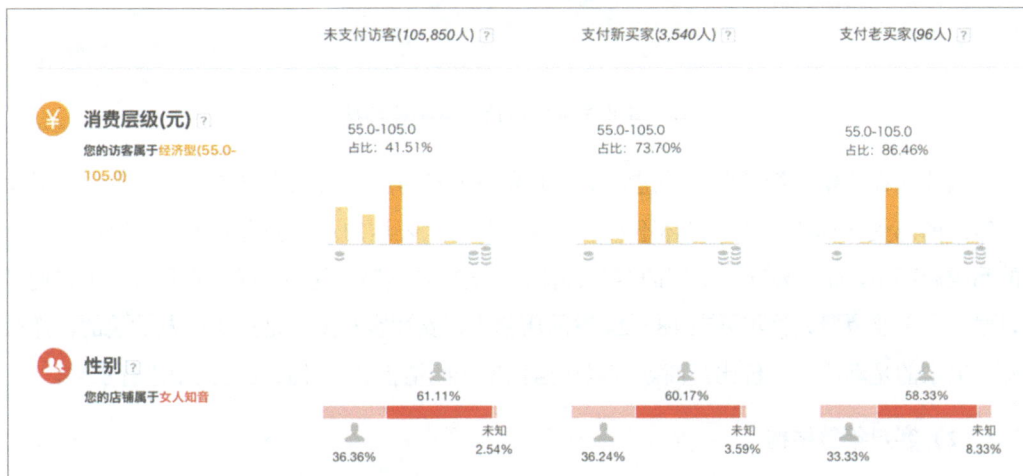

图 6-6 客户性别比例分析

针对店铺的人群结构，在优化店铺和做营销时，商家可以对女性客户做问卷调查，收集她们的兴趣偏好和希望能获得的优惠，从而有针对性地优化产品方案和营销活动。

通常情况下，大部分品类都有定向的目标客户，例如男装，一般人认为购买者都是男性，可是实际在运营的过程中女性客户的占比并不低，如图 6-7 所示。

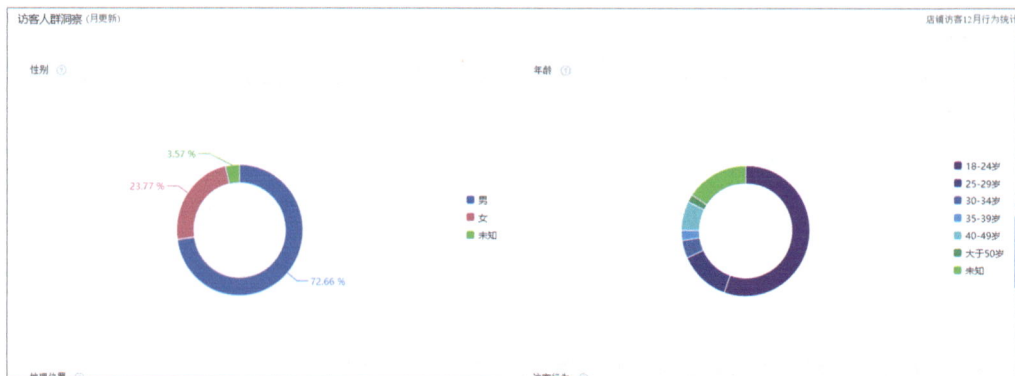

图 6-7　男装店访客的性别与年龄数据分析

因此，在营销和细节服务的过程中，商家不能只考虑到男性客户的需求，也要考虑女性客户的感受和体验。客户群体不同，在视觉营销上表达的点也会有所不同，所以在不同的品类店铺中，商家要针对不同的客户群体、不同的消费特点进行研究。在图 6-7 中我们可以发现，主要消费人群年龄在 18～24 岁的店铺中，女性客户主要是给男朋友购买的，那么她们追求的是潮流、性价比。商家可以适当推出一些情侣装，并且在文案中进行引导。

（2）客户年龄结构

客户的年龄结构是客户画像的重要维度之一。如图 6-8 店铺人群结构所示，根据店铺访客在淘宝网购数据计算得出，店铺的访客集中在 25～49 岁，其中 30～34 岁占比相对其他类目较高。这些人群比较成熟，由此可见该产品的客户群体相对偏成熟，适合已经组建家庭的客户群体。商家在产品设计、价格定位、图片页面设计、促销活动策划等方面，就需要结合这个年龄层次客户的消费特征。

关于细分年龄结构，在生意参谋的访客对比中，如图 6-9 所示，26～30 岁的客户占比分别为 23.15%、25.09% 和 24.37%。在这里可以看出，在该店铺中，年龄在 26～30 岁客户的购买意向是最高的。当然每个地区的客户情况还是有一定区别的，商家要综合分析，然后合并成一个完整的客户画像。

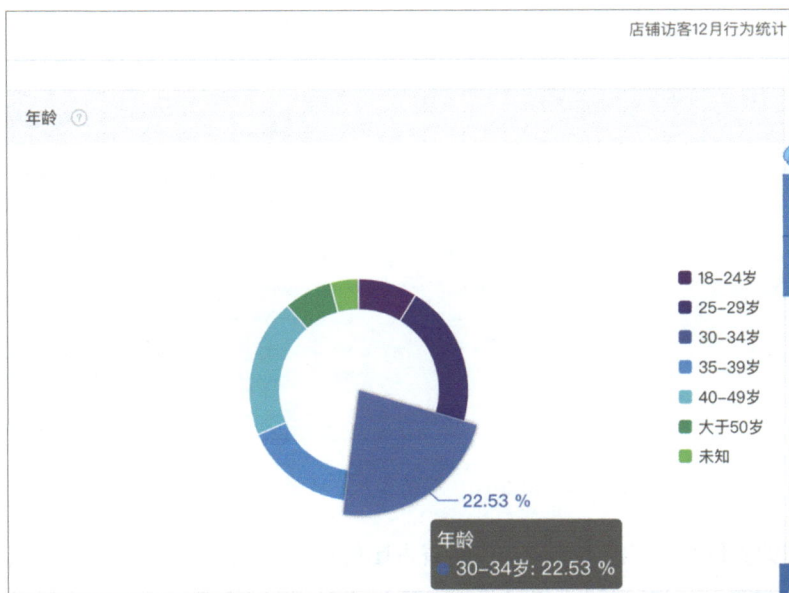

图 6-8　店铺人群结构

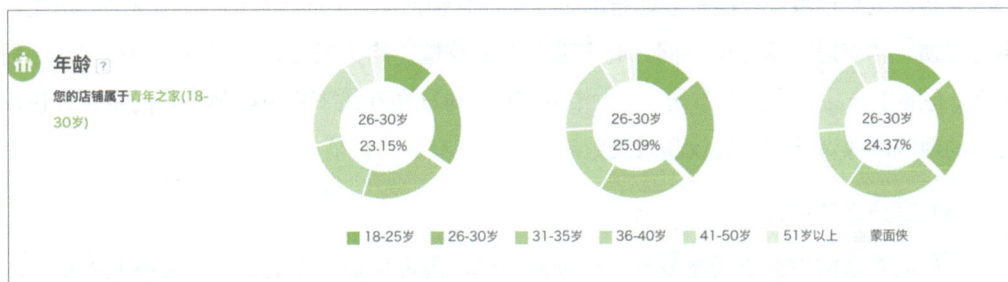

图 6-9　店铺访客对比

（3）客户地域分布

相比实体店，电商最大的特点就是突破了地域限制，覆盖了全国的客户。如图 6-10 所示，在店铺生意参谋的访客对比中，地域 TOP 中位于前 5 名的广东、浙江、江苏、山东等都是转化比率较高的地区，在进行付费流量投放时，可以在这几个地域单独新建一个投放计划，实现更加精准的投放。

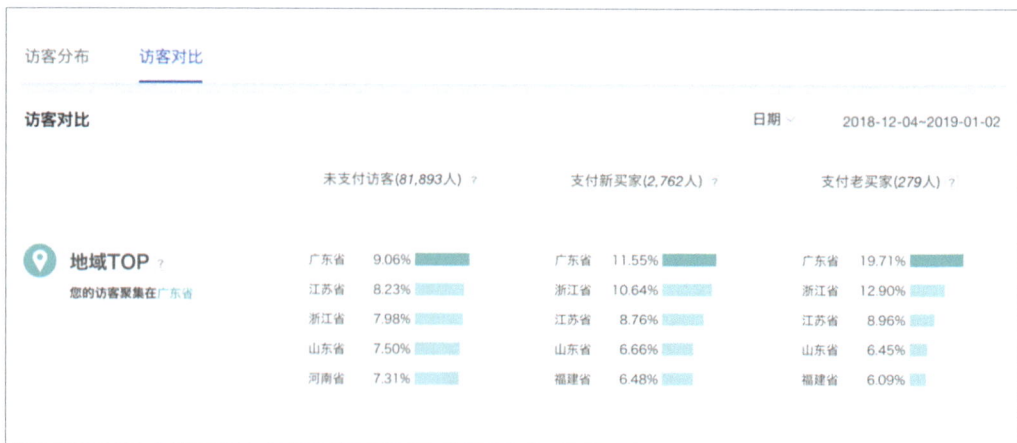

图 6-10　店铺客户地域分布

此店铺的支付新买家的占比中，广东省占比最高，为 11.55%；其次为浙江省，占比为 10.64%；第三名为江苏省，占比为 8.76%。这 3 个省占比合计为 30.95%，可见这三个省份的顾客更喜欢本类产品并能够接受产品的价位。

对客户进行地域画像能有效地帮助店铺设计营销活动，不同地域的气候、人文、历史、语言习惯、消费时间都有所不同，商家根据人群数量、购买能力、购买习惯制订差异性的方案，有助于产品快速抢占市场、做大市场规模。对准备在线下投放媒体广告的企业来说，客户的地域画像对于广告投放和效果跟踪也相当具有参考价值。

（4）客户来源占比

在移动互联网占据市场流量最大份额的时代，淘内免费流量的获取就显得尤为重要。如图 6-11 和图 6-12 所示，此店铺每个月成交客户的一级来源主要包括：付费流量、淘内免费流量、自主访问。另外，我们了解到店铺付费流量主要来自直通车、钻石展位、淘宝客、聚划算；免费流量主要来自搜索排名、自主访问、手淘首页。

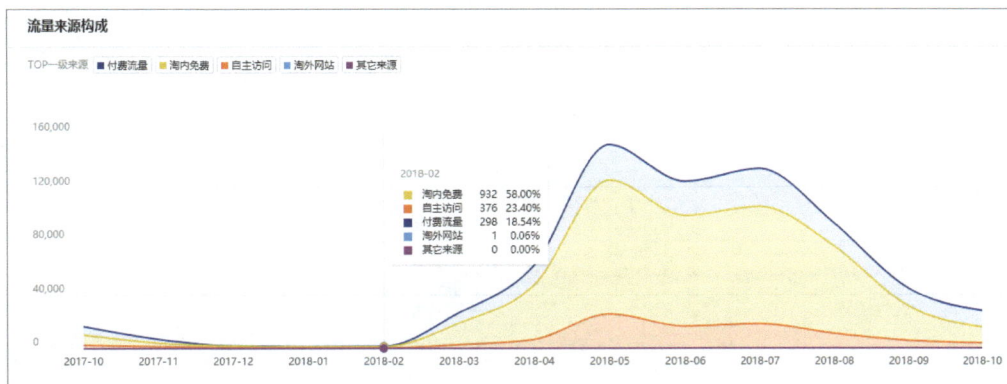

图 6-11　某家居服店铺移动端一级流量入口客户曲线图

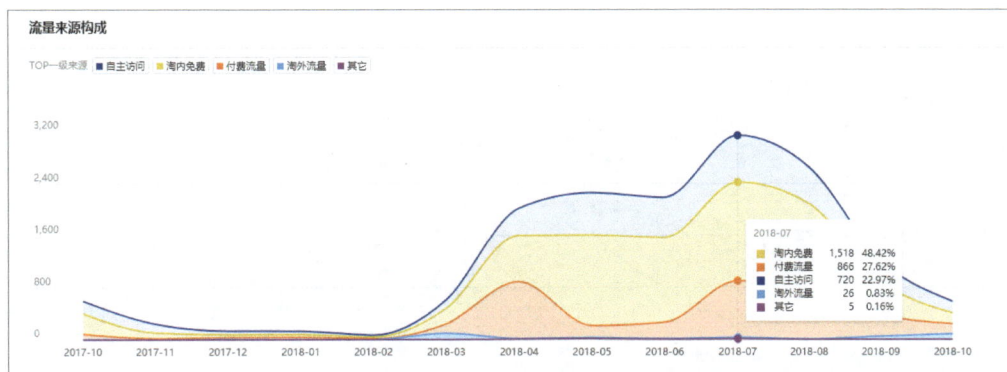

图 6-12　某家居服店铺 PC 端一级流量入口客户曲线图

2017 年 10 月至 2018 年 10 月，如图 6-13 至图 6-15 所示，此店铺的免费流量高峰在 2018 年的 5～8 月，以移动端为主，PC 端流量很少。移动端和 PC 端的客户来源有很大的不同，所以，商家在对不同来源客户进行画像时，需要对移动端客户和 PC 端客户分别进行描述。

图 6-13　某家居服店铺淘内免费流量入口客户占比（2017 年 10 月至 2018 年 2 月）

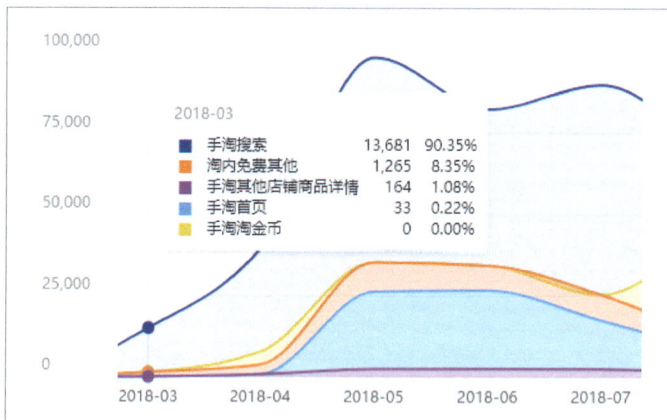

图 6-14　某家居服店铺淘内免费流量入口客户占比（2018 年 3 月至 2018 年 7 月）

图 6-15　某家居服店铺淘内免费流量入口客户占比（2018 年 7 月至 2018 年 10 月）

春节期间本来是消费旺季，但由于电商需要仓储、物流、配送的支持，而大多数物流企业在春节期间放假，于是春节就成了电商在全年的淡季，他们在春节期间更多的是处理各种与售后相关的问题。在物流企业放假期间，店铺的交易可以照常进行，发货会根据春节假期顺延。为了维持节后店铺的搜索排名，在春节期间店铺也需要制定促销策略，让店铺在春节期间也能产生一定的交易量。

根据每个月参加活动的不同，以及淘宝客资源分配的不同，付费流量及其占比也会有比较大的差别，如平台或者店铺在举行节假日庆典促销活动时，除可以吸引更多的搜索客户外，也可以借势吸引老客户，商家需要随时了解店铺流量入口的流量和转化率占比情况，这样对数据化营销会有很大帮助。店铺的三大客户来源是紧密相连的，如果店铺有很大的付费推广流量、自主访问流量，再结合各种营销活动，则可以拥有更多的人气和实际成交额，有助于店铺搜索排名的提升，从而带来更多的免费流量。

（5）客户 RFM 情况

什么是 RFM？简单地说，R 就是客户最后一次购买到现在的时间，F 就是客户购买的频次，M 就是客户购买的金额。商家通过 RFM 可以比较全面地绘制客户画像。

如表 6-1 所示，根据客户购买时间 R 这个维度，某家食品店将客户分为以下 4 种类型：

① 活跃客户，R≤90 天。

② 沉睡客户，90 天<R≤180 天。

③ 预流失客户，180 天<R≤360 天。

④ 流失客户，R>360 天。

表 6-1 某店铺的部分RFM模型

RFM模型	F=1	F=2	F=3	F=4	F=5	行合计
R≤30天	1250人	279人	138人	58人	179人	1904人
30天<R≤90天	2308人	459人	204人	134人	248人	3353人
90天<R≤180天	3485人	937人	382人	202人	381人	5387人
180天<R≤360天	26056人	4066人	1363人	745人	1350人	33550人
R>360天	70826人	13716人	4967人	2320人	3489人	95318人
列合计	103925人	19457人	7054人	3459人	5647人	139512人

这就是客户的回购周期。客户回购周期最基本的规律：客户购买间隔时间越短，客户越活跃，回购的概率越高。一般新店铺中的客户都是活跃客户，开店越久，1 年以前的不活跃客户就会越积越多，这是不可避免的。对于此类客户，店铺需要借助营销活动进行激活，

例如，年中大促、店庆、"双 11"大促、"双 12"大促、年底大促。

根据客户购买频次 F 这个维度，此店铺把客户分为以下 4 种类型：

① 新进客户，F=1 次。

② 回头客户，F=2 次。

③ 忠实客户，F=3 次。

④ 粉丝客户，F≥4 次。

使用 F 维度描述客户有一个非常明显的规律：客户购买频次越多，回头率越高。

如表 6-2 所示，购买 1 次的新进客户，有 25.52%的客户回头率；购买 2 次的回头客户，有 45.37%的客户回头率；购买 3 次的忠实客户，有 56.35%的客户回头率；购买 4 次的粉丝客户，有 62.01%的客户回头率。

表 6-2　某店铺客户购买频次和回头率

购买频次 F	客户数/个	回头客户数/个	回头率/%
1 次	103 925	35 617	25.52
2 次	19 457	16 160	45.37
3 次	7054	9106	56.35
4 次	3459	5647	62.01

客户购买金额 M 维度分为客户平均每次购买金额和客户累计购买金额。客户购买次数越多，平均每次的购买金额就越高。通过分析客户消费心理我们可以很好地理解这种现象：客户在第一次购买时，对商家、商品、售后等各种情况都不太了解，这时候心里总会不踏实，往往是因为有需要、促销活动或是产品的某个卖点激发了他们的购买欲望，但是由于缺乏信任基础，他们一般不敢多买，大多数只会尝试性购买。如果体验好，则不少客户在很短的时间内就会回购，有的是为自己购买，有的是为同事、朋友、邻居代购等，因此，就会出现新客户回购周期远远短于正常商品使用生命周期的现象。客户平均每次购买金额和客户累计购买金额，如表 6-3 和表 6-4 所示。

表6-3　某店铺客户平均每次购买金额

RFM模型	F=1	F=2	F=3	F=4	F=5	行平均
R≤30天	96元	127元	149元	168元	264元	160.8元
30天<R≤90天	107元	124元	151元	178元	223元	156.6元
90天<R≤180天	100元	135元	155元	215元	237元	168.4元
180天<R≤360天	106元	148元	179元	206元	268元	181.4元
R>360天	147元	188元	221元	249元	550元	271元
列平均	111.2元	144.4元	171元	203.2元	308.4元	187.64元

表6-4　某店铺客户累计购买金额

RFM模型	F=1	F=2	F=3	F=4	F=5	行合计
R≤30天	120,585.0元	70,807.0元	61,712.0元	38,910.0元	504,911.0元	796,925.0元
30天<R≤90天	247,240.0元	114,200.0元	92,194.0元	95,662.0元	499,840.0元	1,049,136.0元
90天<R≤180天	347,026.0元	252,514.0元	177,974.0元	173,593.0元	746,490.0元	1,697,597.0元
180天<R≤360天	2,765,403.0元	1,207,334.0元	731,834.0元	613,689.0元	2,992,592.0元	8,310,852.0元
R>360天	10,378,802.0元	5,159,675.0元	3,286,060.0元	2,308,334.0元	15,295,760.0元	36,428,631.0元
列平均	13,859,056.0元	6,804,530.0元	4,349,774.0元	3,230,188.0元	20,039,593.0元	48,283,141.0元

综合表 6-1 至表 6-4 来看，如果从利润角度进行估算，这些数据符合"二八定律"，即用 20%的回头客，带来了 80%的利润贡献。所以，我们常说：经营店铺就是经营老客户。

2. 不同区域的客户画像

在营销推广层面，商家要结合整个店铺情况，根据地域不同，设置相关的运费模板。例如，某家店铺如将某款产品设置为包邮，则该款产品销往江浙沪皖时利润是较多的，销往相邻地级市时利润是较少的，销往偏远地区时是亏损的。买家集中在相邻地级市，所以店铺可选择配合"跑量"的营销方案来保证店铺的权重。对于偏远地区，商品销量相对是很少的，亏本销售带来的销量没有什么意义，那店铺就可以针对该区域增加运费。这样，买家如果能接受更好，店铺顺带着卖一些；买家如果不接受，店铺就放弃这些单子。

除了以上维度，商家还可以根据营销需求寻找客户画像的其他维度和度量指标，例如不同职业的客户画像。只要在精准营销方面有需求，都可以针对需求对客户进行画像，让精准营销建立在客户画像的基础上，最终实现真正的精准营销。如图 6-16 所示，商家在客户画像的基础上进行的溢价投放，从此来触达目标客户人群。

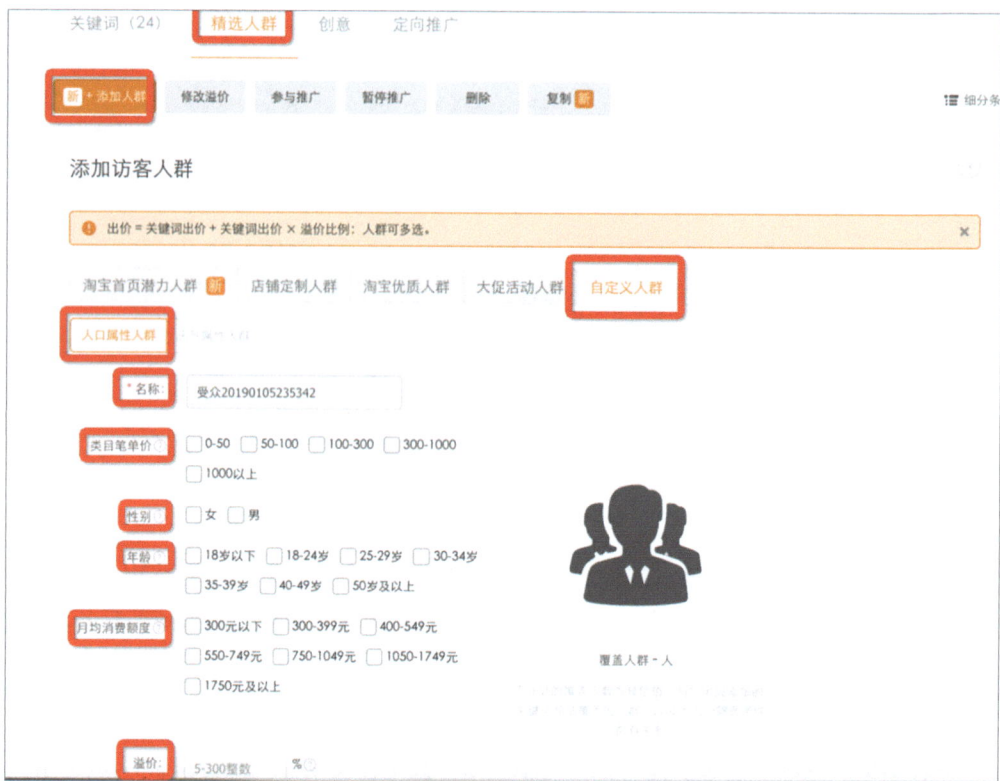

图 6-16　直通车溢价投放

6.3　客户画像人群特征的应用

组成人群画像的单个维度就是标签,一个标签通常是人为规定的一个特征标识。标签在具体应用中的核心思路就是店铺要明确产品属性,以及是谁在看、是谁在买、是谁在用,哪些人群可以维持店铺日销,哪些人群是我们想要的人群。

6.3.1　客户属性及属性值设定

每个人在这个社会中、在自己的家庭中有着相对应的角色。例如,在家庭角色中可能是祖父母、父母、儿女等,在社会职业中可能是学生、教师、医生、军人、公司职员、银行职员、政府职员、务工人员、老板、无业人员等。在实际投放中，一家店铺在为客户画像的时候需要明确维度，每一个维度都是一种客户属性，每一种属性都有配套的属性值，不同的属性值便构成了客户标签，而确定属性和属性值就成为为客户打标签的基础。

1．客户基本属性及属性值

① 性别：男、女。

② 年龄：18 岁及以下、19～24 岁、25～29 岁、30～39 岁、40～49 岁、50 岁及以上。

③ 职业：学生、教师、医生、军人、公司职员、银行职员、政府职员、务工人员、无业人员等。

④ 单位角色（职位）：普通职员、主管、高管、老板等。

⑤ 婚姻：未婚、已婚等。

⑥ 家庭角色：子女、父母等。

⑦ 地域：南北、城乡等。

⑧ 性格：豪爽直接、多愁善感等。

2．客户商品偏好属性及属性值

① 品质：高、中、低。

② 风格：古典、时尚、个性等。

③ 款式：新款、基本款等。

④ 色彩：亮色/暗色、单一/丰富等。

⑤ 功能：功能 A、功能 B、功能 C 等。

⑥ 用途：应用 A、应用 B、应用 C 等。

⑦ 口味：酸、甜、苦、辣、咸等。

⑧ 香气：清香、浓香等。

⑨ 材质：木材、金属、石材、复合材料、硅胶等。

⑩ 工艺：手工、机械等。

3. 客户消费偏好属性及属性值

① 价格：高、中、低。

② 促销：特价、打折、满送、满减、包邮等。

③ 时点：上新、换季、大促、节日等。

④ 反馈：静默、互动、分享等。

4. 客户浏览、触点偏好属性及属性值

① 浏览：淘宝、天猫、聚划算等。

② 触点：短信、电子邮件、社交网站、电话等。

6.3.2 设计客户标签

标签，简单地说就是一个分类，例如，电视台将频道分为综艺、财经、体育、旅游等。标签的分类要求通俗易懂、形象，让人看到标签就能想到这个标签所具有的特点。但是往往一个客户的形象是用多种维度来描述的，而且不同商品、不同类目的标签名称也会不同，例如，运动鞋服客户的标签名称和运动有关，食品客户的标签和味道有关。客户画像和客户标签最直接的区别就是数量问题，一个人身上是有客户标签的，但是一个人形成不了客户画像，多个人才能组成客户画像。

给客户设计标签主要有两种方法：第一，在生意参谋的访客分析和营销中心的客户运营平台上，利用生意参谋的人群报告和市场报告来进行；第二，通过 CRM 系统将具有某种特征的客户查找出来并设计标签，这种需要长时间的累积。

以下我们来举例说明一些商品的客户标签。

1. 女装客户标签

在表 6-5 女装客户标签中，不同的服装类型随着价格（客单价）的高低，组成相应的客户标签。当然在实际运营过程中可以再加上风格（百搭、韩版、民族、欧美、学院、中性、嘻哈等）、材质（麻、皮革、涤纶、羊毛、丝绸、棉布、呢绒、蚕丝等）等维度，来描述标签。

表 6-5　女装客户标签

服装类型＼价格	高	中	低
连衣裙	高价连衣裙	中价连衣裙	低价连衣裙
半身裙	高价半身裙	中价半身裙	低价半身裙
针织衫	高价针织衫	中价针织衫	低价针织衫
羽绒服	高价羽绒服	中价羽绒服	低价羽绒服
牛仔裤	高价牛仔裤	中价牛仔裤	低价牛仔裤

2．火锅底料客户标签

在表 6-6 火锅底料客户标签中，不同的口味类型随着价格（客单价）的高低，组成相应的客户标签。当然在实际运营过程中可以再加上包装风格（袋装、盒装、礼盒装等）、辣度（微辣、中辣、重辣、变态辣等）、产地等维度，来描述标签。

表 6-6　火锅底料客户标签

火锅口味＼价格	高	中	低
四川火锅底料	高价四川火锅底料	中价四川火锅底料	低价四川火锅底料
重庆火锅底料	高价重庆火锅底料	中价重庆火锅底料	低价重庆火锅底料
清汤底料	高价清汤底料	中价清汤底料	低价清汤底料

3．茶叶客户标签

在表 6-7 茶叶客户标签中，不同的茶叶品种随着价格（客单价）的高低，组成相应的客户标签。当然在实际运营过程中可以再加上包装风格（袋装、盒装、礼盒装等）、采摘时节（春、夏、秋）、采摘嫩度（全茶芽、一芽一叶、一芽二叶）、制茶工艺（机器炒、人工炒）等维度，来描述标签。

表 6-7　茶叶客户标签

茶叶品种＼价格	高	中	低
铁观音浓香	高价铁观音浓香	中价铁观音浓香	低价铁观音浓香
铁观音清香	高价铁观音清香	中价铁观音清香	低价铁观音清香
大红袍	高价大红袍	中价大红袍	低价大红袍
龙井	高价龙井	中价龙井	低价龙井
普洱	高价普洱	中价普洱	低价普洱

4．母婴客户标签

在表 6-8 母婴客户标签中，宝宝不同的年龄段，根据宝宝性别的差异，组成相应的客户标签，当然在实际运营过程中可以再加上一些，如包装风格（袋装、盒装、礼盒装等）、不同产品类型（衣服、裤子、鞋子、尿不湿等）、面料材质、品牌等维度，来描述标签。

表 6-8　母婴客户标签

宝宝性别 / 宝宝年龄	男	女
小于 1 岁	男小宝	女小宝
1～3 岁	男中宝	女中宝
4～7 岁	男大宝	女大宝

5．客户促销属性标签

在表 6-9 客户促销属性标签中，在不同的促销活动中，随着参加次数的不同，组成了相应的客户标签，当然在实际运营过程中可以再加上一些如性别、年龄段等维度，来描述标签。

表 6-9　客户促销属性标签

购买频次 / 促销偏好	1	2	3 以上
新品	新品 1 次	新品 2 次	新品多次
聚划算	聚划算 1 次	聚划算 2 次	聚划算多次
大促	大促 1 次	大促 2 次	大促多次

6.3.3　客户标签的常见应用

一般商家给客户打标签的目的有三个：第一，为了快速而精确地识别客户；第二，为了更有针对性地为客户提供服务；第三，为了实现精准客户营销。客户标签常应用于以下几个方面。

1. 个性化接待客户

如图 6-17 所示，当被打上标签的客户向客服咨询时，客服可以根据其标签快速识别客户的特征，节省了时间，并能在第一时间切合客户的特征进行沟通，从而快速拉近和客户的心理距离，更容易获得客户的信任。客户信任了，客服可以让交易变得更加简单。例如，当贴有"高收入爱好足球"标签的客户来询单时，客服就可以先和客户谈谈足球，然后推荐品质比较好、价格比较高的足球运动装备给客户。这样商家可以真正做到个性化接待和精准营销，确保了询单转化率和客单价，并能在此基础上提升客户体验、提高评语质量。

图 6-17 客服给客户打标签

2. 精准老客户营销

我们知道，被打上不同标签的客户具有不同的特征，因此商家需要采取不同的营销方式，才能真正实现精准客户营销。

在客户运营平台的客户管理中，商家可以对客户群体进行分类，之后会在旺旺沟通界面显示出来，然后客服可以根据客户分群数据，进行相应的话术沟通，如图 6-18 所示。

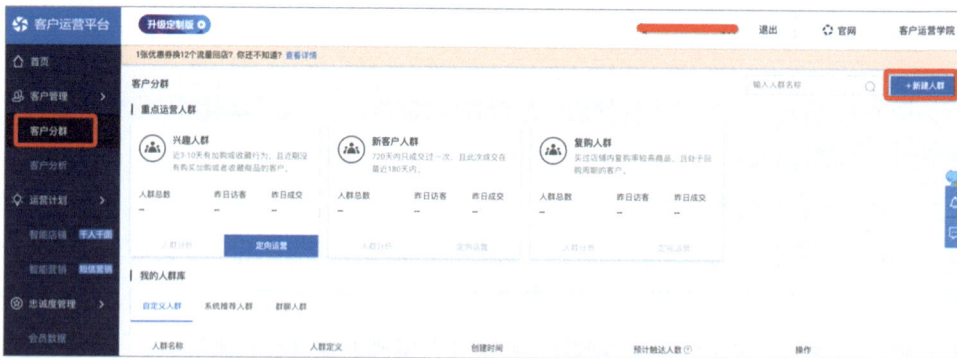

图 6-18　客户运营平台客群分类

商家也可以在购物车营销活动中的智能营销选项中对加购人群进行设置，如限时活动提醒设置，从而实现对老客户的精准营销，如图 6-19 所示。

图 6-19　购物车营销活动设置

3. 精准推广引新客

店铺为客户打上标签，除可以进行个性化接待和精准营销外，还有助于精准跟踪、洞察客户的特征，如分析贴有不同标签的客户的后续购买行为特征。随着访客的不断增加，店铺的人群画像也随着人群标签的增多而更加全面、精准，所以人群标签可以进一步指导店铺的推广、引流工作，让推广、引流更具有针对性。当商家的人群画像积累到了一定程度时，便可以在实际推广中去应用，例如，在直通车里可以设置自定义人群，通过提高溢价来将直通车流量展现给更加精准的人群，从而提高收藏加购量和转换率。

本章小结

本章主要讲述客户画像的概念、目的、维度，通过了解这些，我们就可以知道人群画像是什么、有什么作用。人群标签是可以独立的，但是人群画像是合并出来的一个结果。商家学习了客户画像在营销方面的分析和应用，提升了洞察客户的能力，明白每个店铺所针对的人群和对应人群的特征，然后就可以做对应的精细化营销、精细化推广。

本章习题

1. 请给出可以描述自己的 20 个标签。
2. 在淘宝找一家品牌女装店铺，并对其店铺的客户画像进行描述。
3. 找出第 2 个问题中店铺的竞店或者类似店铺，分析两个店铺各自客户画像的不同点。

第 7 章

数据营销规划

7.1　营销规划的概念和目的

7.1.1　什么是营销规划

营销规划是指在销售额目标基础上制订的团队营销方案，是帮助整个团队实现销售额的计划，包括产品分析（对应的岗位有产品采购、运营）、产品呈现（对应岗位有运营、设计）、产品传播（对应岗位有推广、设计、客服、新媒体等）、用户画像（对应的岗位有运营、客服、设计等），最后要检验目标的制定是否合情合理，是否具有可操作性和可执行性，还要确定形成整体的细分计划、费用预算、人员预算，同时在执行过程中可进行目标检验和复盘的规划。

7.1.2　营销规划的目的

营销规划的目的就是在团队营销的初期，对团队目标进行规划和拆解，将目标分解为各个细分指标，分配给各个相应的岗位人员，然后岗位人员再根据相应细分目标，推算出实施过程中所需要的预算费用、盈利数据和人员架构。

在电商的从业过程中，当一个销售目标被确定之后，作为执行人员，首先要考虑的是如何完成这个目标，在完成这个目标的过程中需要哪些资源，以及如何利用有限的资源去更好地实现这个目标。因为在实际营销过程中，有很多计划是不可能完全实现的，如果完全按照既定的规划来执行的话，反而会适得其反，所以商家还需要结合实际情况进行快速的调整和应变。

例如，团队核心成员确定了 1000 万元的年度营销目标后，如果团队成员并没有针对营销目标进行进一步的规划、没有进行目标拆解和费用预算，就会出现该花钱的地方经费不足，没有竞争力的产品却在花钱推广，产品设计、人群分析不准确的却无人负责，最终导致营销失败。

假如一个团队在项目启动的初期就开始做营销规划，利用行业的历年数据，做出合理的拆解和预算，就可以提前对未来可能出现的情况做方案准备，不至于在问题出现的时候不知所措。

7.2 营销资源分析

7.2.1 营销资源分析的意义

在观察和分析其他创业团队如何运作的过程中，我们发现很多项目失败的原因就是创业团队没有对自身所拥有的资源进行合理的分析，导致在运作的过程中遇到了诸如资金链断裂、产品开发能力弱、供应链跟不上、运营节奏慢等问题。因此在做营销规划之前，我们要对自己现有的资源有清晰的认识，需要结合对市场的认知做出清晰的判断，充分发挥自身的优势、避开自身的劣势，确保在后期项目运营的时候，即使出现问题也能够得到高效的解决。

营销资源分析主要包括资金、产品和客户三个部分。如图 7-1 所示就是一个很成功的案例，其团队在资金较少的情况下，可以充分展现产品的特色。团队结合店主平日的穿搭风格，再加上对女性消费者需求的精准抓取，选取了市场竞争力较小的产品，然后最大限度地发挥拍照能力，以个性化的方式将店铺产品呈现在买家面前，正是由于这种个性化的设计，才能够在市场中脱颖而出。

在拍照方面，在市场大多数卖家都采用大众的拍摄方式时，店主选择了个性化的拍摄风格，使得消费者对店铺能够形成快速的差异化记忆。同时，在拍摄的过程中店主利用自身的多种产品再结合服装和妆容进行了相应的搭配。在女性消费者购买配饰的时候，对日常的搭配有一定的要求，所以这种拍摄给了女性消费者很好的搭配参考，为客户解决了搭配的难题，更能吸引客户的注意。

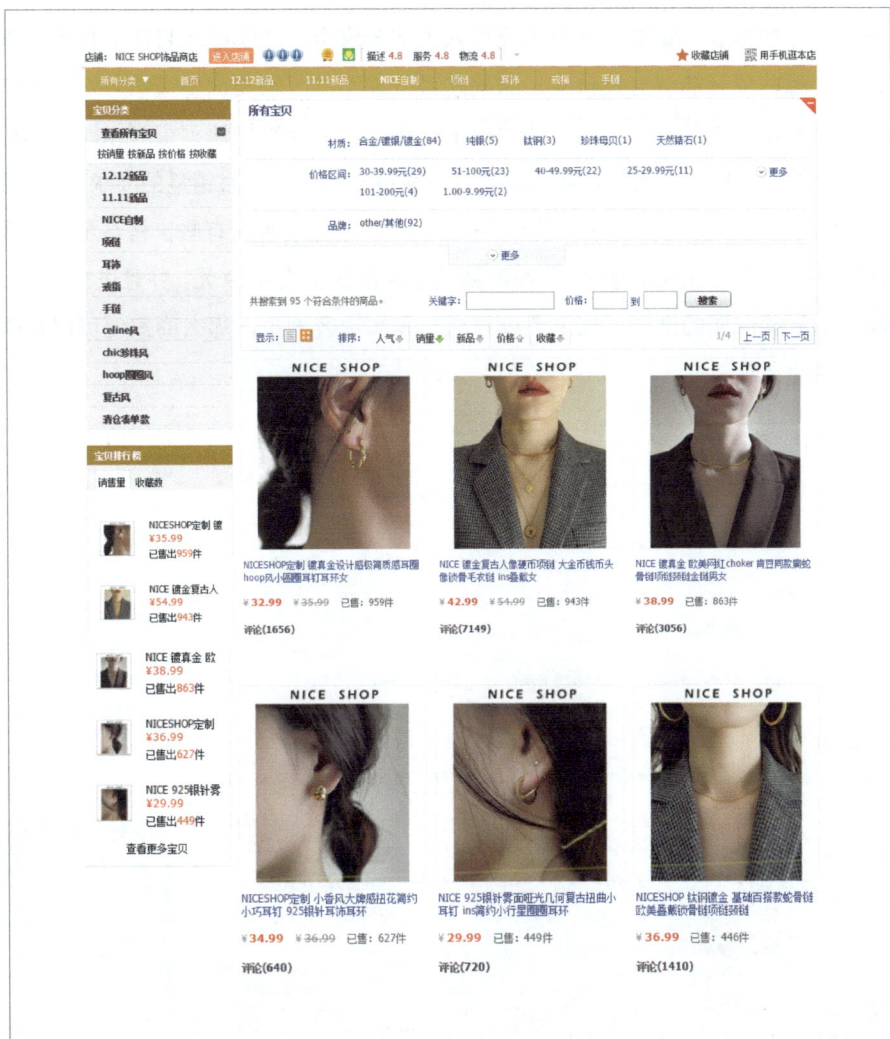

图 7-1　淘宝搜索截图

7.2.2　资金分析

在营销资源中很重要的部分就是资金，日常推广过程中的广告费用、人工费用、场地费用等，都需要有充足的资金投入。在做营销规划之前商家需要对自身资金情况有非常准确的认识，了解在该项目的运营过程中最多可以投入多少资金。同时，在营销端，商家需要考虑如何分配资金，在哪些项目需要投入大部分资金，在哪些项目需要投入小部分资金即可；以及哪些项目能够自收自支，哪些项目效果不佳，需要调整策略方案。商家运营中途出现资金不足的情况能否通过其他途径来解决，是否能够快速筹集到相匹配的资金数额以确保项目的正常运行。比如，纸尿裤类目，在日常的竞争中对销量的要求较高，如图 7-2 所示，所有的产品售价几乎和生产成本价接近，在冲销量的阶段有些价格甚至低于成本价。以图 7-2 中销量第三的品牌为例，其在冲销量的阶段售价为 49.9 元，并且进行"拍一发二"的活动，如果其前期的推广方式主要以直通车和淘宝客为主，那么商家便可以粗略计算出其每月亏损的金额。

图 7-2　纸尿裤搜索页

图 7-2 纸尿裤搜索页（续）

这里纸尿裤每月销量如果按照 50 000 包计算，产品初期销售价格为 49.9 元，那么每月销售额为 2 495 000 元；货品成本预计 0.5 元/片，每个订单 L 码纸尿裤 96 片，每包成本为 48 元，则每月货品成本为 2 400 000 元；每个订单为一包，运费为 6 元，则每月运费为 300 000 元；天猫扣点为销售额的 2%，即每月为 49 900 元；直通车每天 7000 个访客，点击单价为 2.8 元，如果一个月按 30 天算，那么每月费用为 588 000 元；若月销量中 20% 的销量来自淘宝客，淘宝客佣金按照售价的 20% 来计算，则每月淘宝客费用为 99 800 元；每月预估亏损总计 942 700 元，像这种类目对资金和供应链的要求很高，所以新手在切入的时候，需要特别谨慎。将以上数据整理成费用预估表，如表 7-1 所示。所以作为小卖家，要选择个性化的非标品类目或者自己团队拥有优势的类目进行切入，在拍摄和选品上多做思考，在现有条件下充分挖掘产品的差异化，从而增加自身的竞争力，做到"人无我有，人有我优"，通过服务小部分精准客户，快速切入细分市场。

表 7-1 费用预估表

单包售价/元	49.9	每月销售额/元	2 495 000
单片成本/元	0.5	每月货品成本/元	2 400 000
每包成本/元	48	每月运费/元	300 000
每月销量/包	50 000	每月天猫扣点额/元	49 900
每单运费/元	6	每月直通车费用/元	588 000
直通车点击单价/元	2.8	每月淘宝客费用/元	99 800
		每月总盈利/元	−942 700

7.2.3 产品分析

在电商行业发展日渐成熟的今天，市场竞争早已不是单纯地拼运营、拼技术了，需要商家对各方面有深入的理解。就产品方面来说，很多类目竞争已经不仅是靠网上拿货、市场批发来竞争了。很多企业都有自己的产品研发团队。针对市场的需求进行单独的研发。因此，商家不能仅仅停留在产品的表面，需要对它有更深入的理解，同时要充分发掘用户的痛点、了解用户的需求，同时不断对产品进行更新换代，找到自己的市场定位。如图 7-3 所示，该店铺在女装的大类目下，针对小香风这个细分的服装风格品类进行深度挖掘，自主设计产品，其精准定位对小香风款式喜好的人群后，便进行该类风格款式的推广工作。

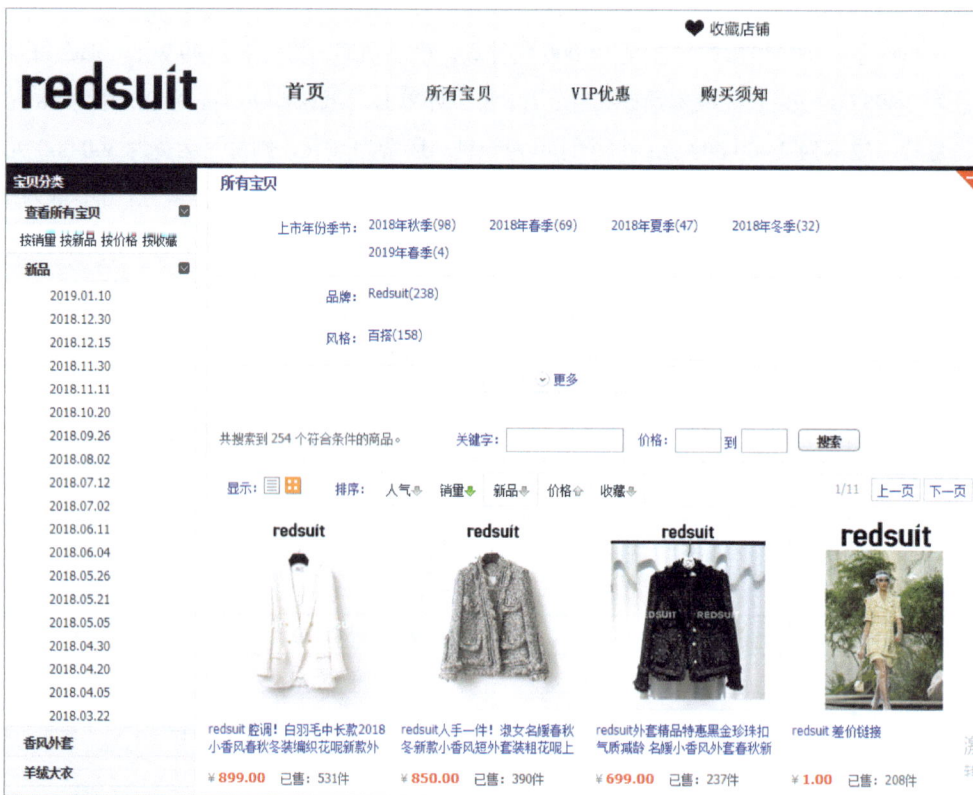

图 7-3　优秀案例店铺 1

图 7-3　优秀案例店铺 1（续）

产品从无到有，从只是一个想法到上线销售需要有一个过程，其中包括产品的立项、设计、开发、测试、上线、运营等。团队都希望能够将自己的产品流程化，而且每个流程都要有相对应的专业人员来负责。因此，当团队中有合适的产品开发人员的时候，就能保证产品高质量地上线，这样在与同行竞争的时候就能形成自己的优势，同时自身的开发能力也将成为团队日后竞争当中非常重要的一个优势。店铺初期产品的研发、拍摄及运营是三大核心板块，只要团队抓住该项目的核心板块，深度聚焦，再进行合理的分工，最后上线销售，就能充分发挥自身项目的优势，最终在类目中取得较好的销售成绩。

在产品上线之后，商家还需要思考，产品以怎样的形式展现在消费者面前，才能更好地刺激消费者下单购买。店铺整体风格的设计，需要根据相对应的消费群体来确定，而不仅仅是根据自身的感觉来确定。在对页面开展设计之前，设计师要有自己的设计思路，包括颜色的设定、风格的设定、页面的排版设定等。产品的设计和页面呈现尤为重要，好的设计可以为店铺产品带来溢价，给消费者带来更加强烈的信任感。如图 7-4 所示就是一个很好的例子。当整个行业中的商家都在拼价格的时候，包装设计都没有太大的差异，但"小田的世界"却采用了日式可爱的包装风格。详情页风格依据包装的可爱卡通形象，也进行了可爱风的设计，俏皮可爱的文案，与消费者之间形成强烈且有效的情感互动。在视觉上，其相比同行有着较为明显的差异化优势，同时也带来了定价上的优势，最终可以在中高端市场中取得较好的竞争优势。

图 7-4　优秀案例店铺 2

图 7-4　优秀案例店铺 2（续）

　　好的图片可以给消费者留下非常深刻的印象，让消费者对产品形成一定的记忆。相反，一个效果不佳的图片不会引起消费者任何的购买欲望，在推广过程中也不能带来点击量和浏览量。因此，高质量的图片在某种程度上可以减少后期在营销推广中的费用，以更低的成本带来更好的效果。所以商家在日常推广中可以参考同行优秀店铺来进行更多的创意设计，从而提升图片在市场竞争中的差异化水平。如图 7-5 所示，在有了新的创意图片之后，商家需要对图片效果进行适当的数据反馈，可以通过直通车来测试，与历史图片对比点击率的高低，从而决定图片的取舍。

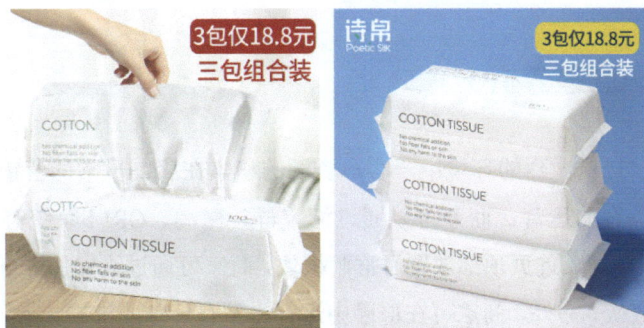

图 7-5　历史创意图片（左）与新创意图片（右）

在静态的图片中，商品得不到较为全面的呈现，所以就需要动态的视频来补充。视频展示能给消费者带来更加真实、直观的感受，让消费者对产品有更加全面的了解，从而解除对产品的疑惑，增加下单购买的成功率。如图 7-6 所示，该产品以形象生动的视频形式，传达了产品安全、趣玩等卖点，告别了传统静态图片的直接卖点表达形式。所以一个优秀的摄影团队可以深刻地洞察消费者内心对产品的疑虑，从而通过视频展示来消除，而不仅仅是对产品进行简单的图片展示。

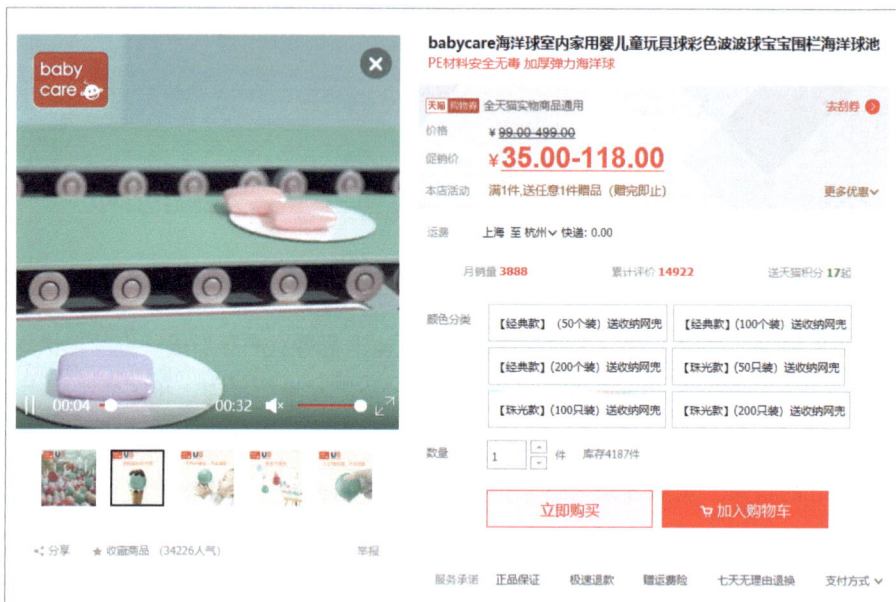

图 7-6　优秀视频案例

7.2.4　客户管理分析

在市场竞争日益激烈的环境中，客户资源的积累在店铺日常的营销过程中显得越来越重要。对于老顾客的运营，商家可以通过淘宝群、微淘、CRM 系统等进行维护管理。如图 7-7 所示，该店铺在首页顶部放置了群聊模块，商家可通过设置加入群聊的条件来控制群里成员的消费层次。另外，商家可在群聊中进行日常有计划的维护，诸如，进行聊天话题、发放优惠券、产品上新告知等活动，从而来提升客户的黏性。

图 7-7 店铺群聊入口

客户管理也可以通过微淘来进行，可以在不同的时间节点发布不同的信息内容，并传达给消费者，从而提升客户对店铺的黏性。如图 7-8 所示，该店铺在"双 11"预售的第一天发布了预付定金抽取礼包的活动，然后又通过盖楼的形式来带动已关注店铺客户进行参与。同时，在微淘中商家还可以通过各种各样其他的玩法来与消费者进行互动，诸如，晒优质买家秀、新品发布活动、限时抢购等。

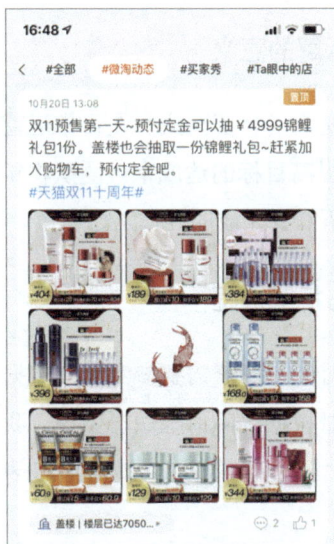

图 7-8 店铺微淘入口

商家对客户的管理状况如果良好，可能会增加他们对产品的需求，促成再次合作，从而惠及企业。这也是营销中需要重点考虑的方面。

如果店铺中有稳定的老客户资源，那么一方面老客户的重复购买会让店铺保持比较稳定的销量，另一方面商家通过分析老客户的特征，提取他们的标签，便可以寻找那些与老客户标签一致的人。标签一致，意味着性别、年龄、喜好、特征、购买能力也相似，商家针对这些客户进行广告投放，可以实现更高的转化率，从而降低店铺的推广成本。

如果店铺中有稳定的老客户资源，商家可以通过产品调研、售前售后客户喜好分析，寻找更好的产品或进行产品升级。

如果店铺中有稳定的老客户资源，其不仅在一个电商平台上能够发挥作用，同时也可以在其他平台进行交叉使用，商家要充分利用客户资源，结合企业的营销目标，做到全方面规划。

7.3　营销规划的流程与方法

7.3.1　年度销售额目标的制定与拆解

1．年度销售额目标制定与拆解的意义

团队制定年度销售额目标是为了让团队成员在日常运营工作中对整体目标有更加明确的认知，使目标感更加强烈，提高目标的达成率。团队将年度销售额目标拆解之后，会更加明确各个岗位的成员在当下所需要完成的具体工作任务。

2．年度销售额目标的制定与拆解流程

在制定年度销售额目标的时候，商家需要参考历史数据进行分析总结，做出相对科学合理的全年目标规划，然后随时根据实际情况做出微调。我们以一家母婴店铺为例，在生意参谋中调取 2018 年的全年销售额分布数据（见图 7-9 和表 7-2）。

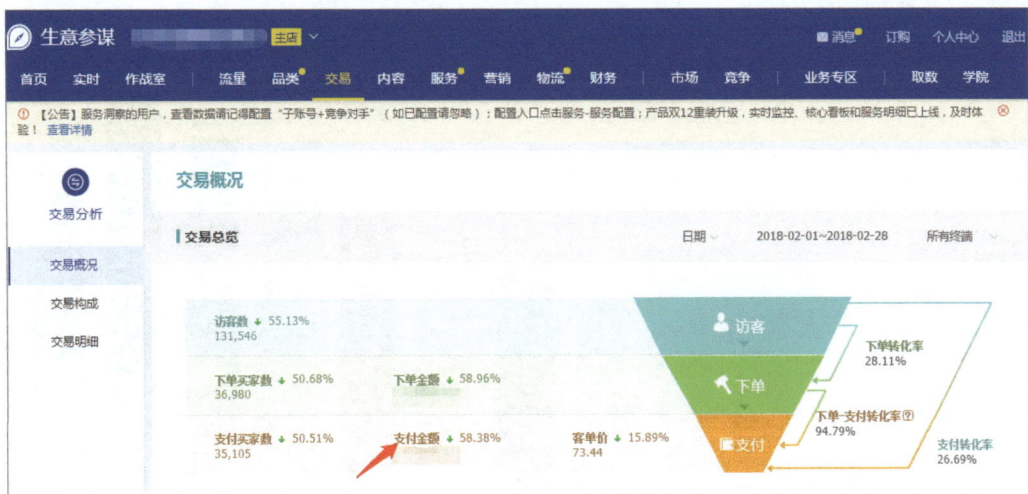

图 7-9　交易数据（2 月份）

表 7-2　2018 年全年销售额分布情况

日　　　期	月度销售额/元	占比/%
1 月	924 960	1.98
2 月	1 603 640	3.44
3 月	2 131 666	4.57
4 月	2 474 967	5.31
5 月	3 244 515	6.96
6 月	3 968 935	8.52
7 月	4 105 626	8.81
8 月	4 747 729	10.19
9 月	5 083 825	10.91
10 月	6 158 368	13.21
11 月	6 946 566	14.90
12 月	5 215 546	11.19
总计	46 606 343	100.00
注：此表中部分数据因四舍五入的原因，存在总计与分项合计不等的情况。		

在调取 2018 年每月的销售额之后，用 Excel 做成表格，我们可以清楚地看到店铺每个月的销售额，再做成统计表格，可以清楚地看到全年的销售额走势，如图 7-10 所示。

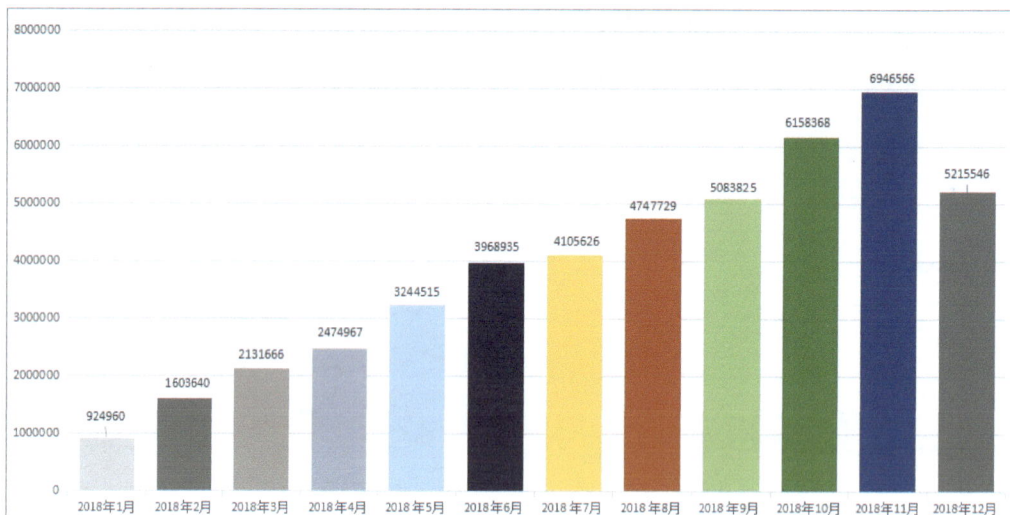

图 7-10　2018 年销售额分布情况

然后计算出每月的销售额占比，即每月的销售额除以全年总销售额，在做出每月销售额的占比图（见图 7-11）之后，便可以直观地看到每月的销售额占比情况。

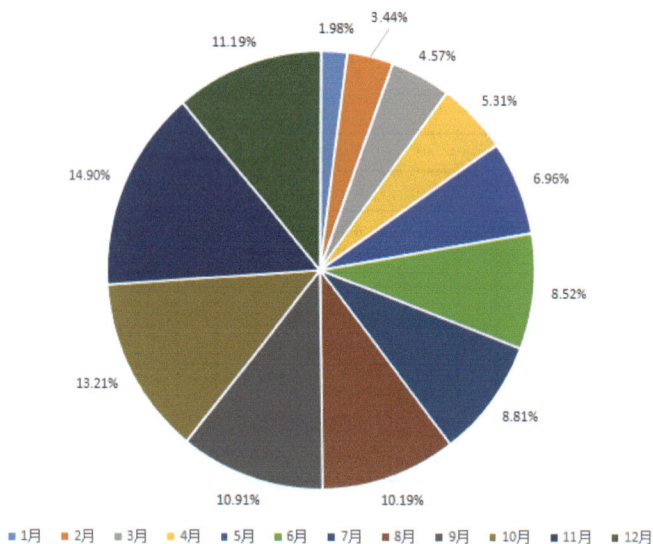

（此图中的数据因四舍五入的原因，存在总计与分项合计不等的情况）

图 7-11　2018 年每月销售额占比情况

　　基于 2018 年的全年销售额数据，团队在 2018 年年末将 2019 年的全年销售额目标定在了 6000 万元。团队下一步需要做的就是对年度营销目标进行拆解，把 6000 万元的销售目标分解到每个季度和每个月。不同类目的情况不一样，有些类目，如服装等受季节影响比较大，不同季节主要的销售类目有所不同，所以全年的走势和客单价也会有所不同。因此，我们还需要对 2018 年销售额的季度占比进行统计（见图 7-12）。

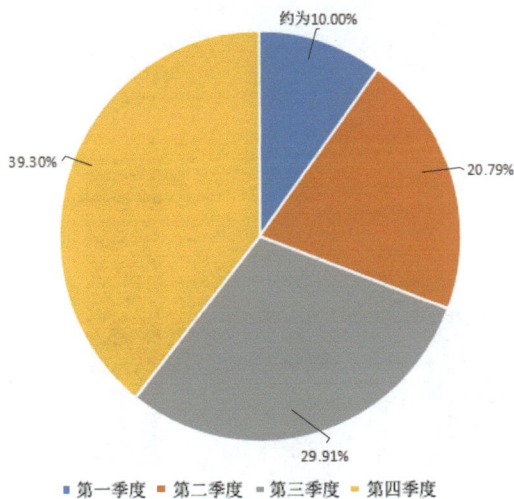

图 7-12　2018 年销售额季度占比情况

　　通过数据统计我们可以大约得出，该母婴店铺 2018 年第一季度销售额为 466 万元，占比为 10%；第二季度销售额为 969 万元，占比为 20.79%；第三季度销售额为 1394 万元，占比为 29.9%；第四季度销售额为 1832 万元，占比为 39.31%。根据 2018 年的销售额占比，我们可以得出 2019 年每个季度的预估销售额，第一季度预估销售额为 600 万元；第二季度预估销售额为 1247.4 万元；第三季度预估销售额为 1794 万元；第四季度预估销售额为 2358.6 万元。

　　我们在得出以上理论数据之后，很重要的一点就是要结合店铺的实际情况进行分析，比如，该店铺在 2018 年第一季度因为产品的质量问题，导致各方面的数据大幅度下滑，所以在第一季度呈现出来的数据是有很大问题的，我们在作为参考的时候需要把该因素考虑进去，在 2019 年的第一季度理论上的销售额占比要比现在高。因为我们要对参考数据进行适当的调整，此时最合适的办法就是找同一层级的相似店铺进行参考，假如该产品竞争对手第一季度销售额为 860 万元，那我们可以把 2018 年第一季度的数据调整为 860 万元，然后再结合竞争对手的其他数据，得出第一季度销售额占比为 15%，第二季度占比为 15.77%，第三季度为 29.9%，第四季度为 39.33%。那么 2019 年的销售额目标则调整为：第一季度销售额为 900 万元，第二季度销售额为 948 万元，第三季度销售额为 1794 万元，第四季度销售额为 2358 万元（见图 7-13）。

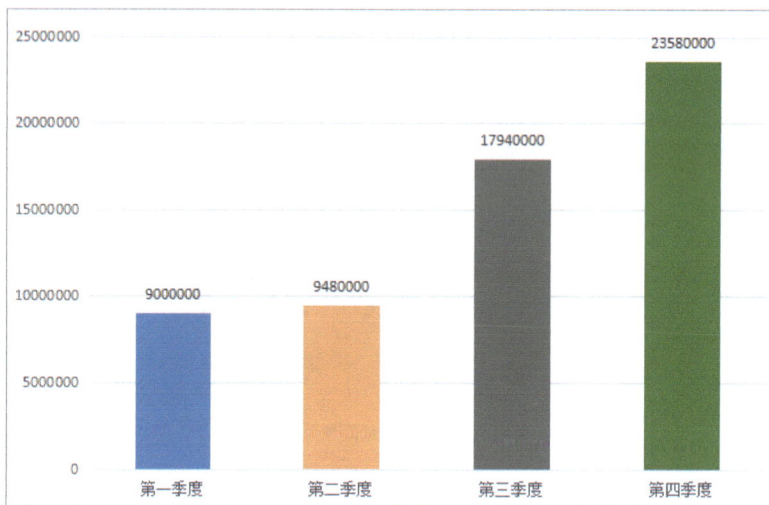

图 7-13　2019 年目标销售额

通过以上分析，我们对 2019 年的销售额整体目标就规划好了。这样便可以总结出年度销售额整体目标的制定流程：首先是基于历年的店铺营销数据及竞争对手的营销数据，统计出每月的销售占比，然后计算出每个季度的占比，最后以占比数值来推算出下一年每个季度的销售额数值。

这里值得注意的是，在参考店铺历史数据的时候，商家要充分考虑该店铺的历史销售情况，是否存在特殊因素，如果存在特殊因素，则需要参考竞争对手数据来对参考数据进行调整，进而优化下一年各季度的销售额数值。

以上规划对于有一定操作经验的卖家来说相对比较简单，但是对于电商经验较少、没有历史参考数据、甚至很难找到相似竞品数据的卖家来说可能比较复杂，那么这类卖家可以从另一个角度来规划自身的营销活动。

新手商家可以换个思路来制订营销规划。假设创业初期团队仅有 10 万元启动资金，这 10 万元资金将用于人工、房租水电、店铺注册、产品进货、差旅费、产品拍摄、图片制作、营销推广、快递等费用的支出。

商家根据实际情况来预算人工、房租水电、店铺注册和产品进货等方面的具体费用，在营销上需要着重考虑几个方面。首先是产品拍摄和图片制作上需要根据产品类目进行合理的安排，是找全职的美工还是外包美工，在前期可以和外包公司合作，减少资金成本。如找一个全职美工在杭州基本工资需要 5000 元/月，而外包公司则只需要 3000 元/月，这样便可以省下部分开支。

测算之后在单品推广上可能就只剩下 5 万元的推广预算了，那么商家在单品的广告投入方面就需要进行严格的控制：在实际操作中假如遇到产品爆发的情况，即需要增加预算的时候，商家要考虑是否增加广告投入，那么这部分资金投入从哪些渠道来？假如在产品推广中数据表现较差的情况下，商家要给自己设置一个大概的止损点，是把这 5 万元的资金全部利用完之后放弃项目，还是再补充资金，用来尝试其他的产品款式或营销方式，以提升销售额。

例如，某卖家主要从杭州拿货卖羽绒服，产品拍摄和作图都外包给了专业的外包公司，自己只负责线上推广，销量迟迟没有提升，但是已经囤了 2 万元的货品，在这种情况下，店铺的思路就不应该再以推爆款为主要方向，反之应该及时止损，想办法将剩下的库存通过合理的方式出售，尽可能减少广告的投入，降低支出，或者等到明年应季的时候重新做推广。

7.3.2　流量目标的拆解

1．流量目标拆解的意义

在流量目标拆解之前，我们要知道电商营销中的黄金公式：销售额=访客数（流量）×转化率×客单价。依据店铺之前确定的年度销售额目标及拆解完的每月销售额目标，我们需要进一步对访客数、转化率和客单价进行拆解。转化率和客单价基本上是由店铺风格、层级、产品单价决定的，在营销过程中数据相对稳定。

流量（访客数）是在后期营销过程中非常重要的部分，而影响流量的因素相对比较多，为了防止不确定因素的发生，商家需要提前做好准备工作，将流量进行具体的拆解，分解到更为具体的流量渠道上，为日后的运营工作做好数据化规划。商家只有在营销规划中提前做出比较详细的规划，后续在运营操作的过程中落实到每一个流量板块和每一个职责岗位，让日常的工作更加的有计划性和目标性，才能有效降低日常工作中的风险。

2．流量规划的方法

流量来源包括免费流量和付费流量两个部分，所以商家需要对每部分的流量做出具体的营销规划。

（1）免费流量的规划

在规划免费流量之前我们首先要根据店铺的历史数据，确定免费流量和付费流量的占比情况，以此来制订免费流量规划，剩下的流量空缺则由付费流量来补充。

根据公式：销售额=流量（访客数）×转化率×客单价，我们可以得知流量（访客数）和销售额、转化率、客单价紧密相关。在前面提到转化率和客单价与店铺的整体定位和产品定价有关，波动相对比较小；而流量本身变动比较大，店铺获取更多优质的免费流量会更有效地提升店铺的销售额。

免费流量又可以分为两大部分：第一部分是自然搜索流量，第二部分是其他免费流量。其他免费流量所涉及的流量渠道相对比较多而且分散，主要包括微淘、已买到的宝贝、购物车、直接访问等。其他免费流量在一个店铺中的占比是相对比较稳定的，因为其他免费流量和店铺的整体销售额、整体流量有关，我们在这里把这些数据归为一类，统称为自主流量。

相对于自主流量，自然搜索流量变化比较大，受店铺销售情况、类目运营能力、市场竞争变化、行业大盘变化等多种因素影响，因此我们需要计算出历年数据中自然搜索流量的占比数值，然后单独进行分析规划，以便得出更加精准的自然搜索流量规划数据。

例如，这家母婴店铺每月的客单价受季节、官方活动、店铺活动的影响，稍有变化。转化率也是同样的道理，所以客单价和转化率以上一年的值作为参考即可（见表7-3）。

表 7-3　免费流量拆解示例

2019 年度营销规划													
日期	1 月	2 月	3 月	4 月	5 月	6 月	7 月	8 月	9 月	10 月	11 月	12 月	总计
月度销售额/元	4 200 000	2 100 000	2 700 000	2 580 000	2 820 000	4 080 000	5 280 000	6 120 000	6 540 000	7 920 000	8 940 000	6 720 000	60 000 000
总访客数/个	210 000	120 000	192 857	184 286	173 538	272 910	352 000	376 615	545 000	660 000	558 750	448 000	4 093 956
自然搜索流量/次	105 000	6 000	96 429	92 143	86 769	136 455	176 000	188 308	272 500	330 000	279 375	224 000	2 046 978
自主流量/次	42 000	24 000	38 571	36 857	34 708	54 582	70 400	75 323	109 000	132 000	111 750	89 600	818 791
客单价/元	80	70	70	70	65	65	60	65	60	60	80	75	/
转化率/%	25	25	20	20	25	23	25	20	20	20	20	20	/

（2）付费流量的规划

在确定免费流量的具体规划之后，我们需要对付费流量进行规划。因为付费流量就是整体的流量数值减去免费流量的数值，也可以说付费流量是对免费流量缺口的补充。

在淘宝的付费流量主要来自三个方面，即直通车、钻展、淘宝客。例如，这家母婴店铺上一年的数据显示了直通车、钻展与淘宝客每月流量的占比情况。那么在下一年的规划当中店铺就可以用这些数据来推算各个部分付费流量的具体数值。如表 7-4 所示，店铺知道直通车、钻展、淘宝客的流量数据后，再利用直通车流量=直通车流量占比×总访客数，可以得出 1 月份的直通车在整体流量中的占比为 12%，同理可以得出钻展流量在整体流量占比为 13.5%，淘宝客流量在整体流量中的占比为 4.5%。

表 7-4　付费流量规划

2019 年度营销规划													
日期	1 月	2 月	3 月	4 月	5 月	6 月	7 月	8 月	9 月	10 月	11 月	12 月	总计
总访客数/个	210 000	120 000	192 857	184 286	173 538	272 910	352 000	376 615	545 000	660 000	558 750	448 000	4 093 956
直通车占比/%	12	12	12	13	13	13	12	12	12	13	13	12	/
直通车流量/次	25 200	14 400	23 143	23 957	22 560	35 478	42 240	45 194	65 400	85 800	72 638	53 760	509 770
钻展占比/%	13.5	13.5	13.5	12.5	12.5	12.5	13.5	13.5	13.5	12.5	12.5	13.5	/
钻展流量/次	28 350	16 200	26 036	23 036	21 692	34 114	47 520	73 575	73 575	82 500	69 844	60 480	534 189
淘宝客占比/%	4.5	4.5	4.5	4.5	4.5	4.5	4.5	4.5	4.5	4.5	4.5	4.5	/
淘宝客流量/次	9450	5400	5400	8293	7809	12 281	15 840	16 948	24 525	29 700	25 144	20 160	184 228

另外，在制订类似规划的时候，商家也要反思一下去年的计划执行是否得当，尤其是对新手卖家来说，在选择推广渠道的时候，看能不能首先去掌握淘宝平台最新的推广方式、

最新的推广工具往往具有更低的竞争度和较好的效果。比如，以淘客结算的店铺直播，从 2017 年起，有大量的新手商家在并不是非常了解推广渠道的情况下，通过网络直播实现了店铺销量的飞跃。

7.3.3 营销费用预算

1．营销费用预算的意义

店铺将年度营销计划拆解之后，形成了更加具体细化的月度计划，其中包含访客数、转化率、客单价的月度计划，同时也可将流量进一步拆解为免费流量和付费流量的月度规划。商家在形成更加具体的运营规划之后，使得目标的完成更加切实可行。实际操作过程分为两种情况：如果情况较为乐观，能够按照既定的目标进行，那么就很容易进行测算；假如在产品推广中，数据表现较差或者遇到意外情况，商家要给自己设置一个大概的止损点，是把现有资金全部利用完之后放弃项目，还是通过其他方式再补充资金，用来尝试其他的产品款式来提升销售额？这时的决策就显得尤为重要了。

2．营销费用的测算

（1）推广费用测算

之前我们对付费部分的流量做了详细的月度流量拆解，接下来需要对每个付费流量的费用进行测算，得出每个付费渠道所需要的运营费用。在计算费用之前需要对付费渠道的历史引流价格有所了解，找到历史点击单价，然后根据点击单价乘以访客数来得出这个渠道的推广费用。直通车和钻展都是可以根据点击单价来预估花费的，商家在直通车点击流量解析选项，然后搜索关键词可查看该产品一周内的平均点击单价（见图 7-14）。

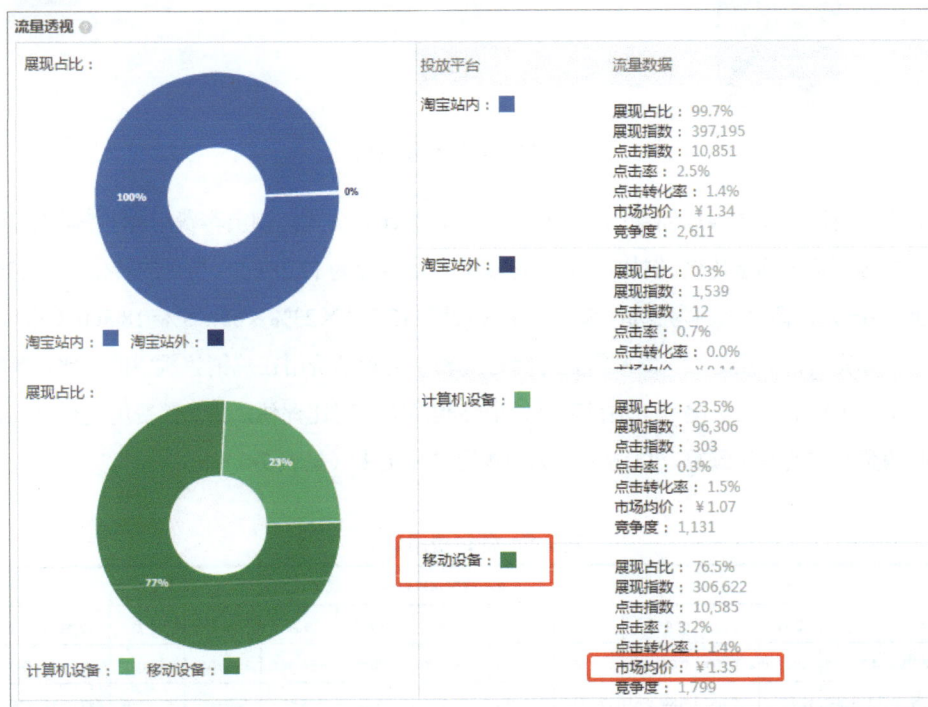

图 7-14　直通车数据截图

关于钻展，商家则可以通过往期的历史数据，在直通车报表中选择 7 天数据，并找出 7 天的平均点击单价（见图 7-15）。

图 7-15　钻展数据截图

淘宝客费用就需要根据佣金比例来进行计算。其计算公式：淘宝客费用=淘宝客访客数×转化率×客单价×佣金比例。例如，在 6 月份淘宝客访客数为 12 281 个，当月的转化率是 23%，客单价是 65 元，佣金比例为 5%，那么淘宝客费用=12 281×23%×65×5%=18 360（元）。

在测算完营销费用之后，商家需要计算月度和年度营销费用在总销售额中的占比，当有了推广费用的占比后，商家便可与项目产品的最终利润进行对比评估，看营销费用是否过高，以便及时调整具体的费用预算，以达到更优的费用预算结果（见表 7-5）。

表 7-5　营销费用测算

2019 年年度营销规划												
日期	1 月	2 月	3 月	4 月	5 月	6 月	7 月	8 月	9 月	10 月	11 月	12 月	总计
月度销售额/元	4 200 000	2 100 000	2 700 000	2 580 000	2 820 000	4 080 000	5 280 000	6 120 000	6 540 000	7 920 000	8 940 000	6 720 000	60 000 000
总访客数/个	210 000	120 000	192 857	184 286	173 538	272 910	352 000	376 615	545 000	660 000	558 750	448 000	4 093 956
直通车占比/%	12	12	12	13	13	13	12	12	12	13	13	12	/
直通车流量/次	25 200	17 280	23 143	23 957	22 560	35 478	42 240	45 194	65 400	85 800	72 638	53 760	509 770
点击单价/元	1.20	1.20	1.20	1.20	1.20	1.20	1.20	1.20	1.20	1.20	1.40	1.40	/
费用合计/元	30 240	17 280	27 771	28 749	27 072	42 574	50 688	54 233	78 480	102 960	101 693	75 264	637 003
钻展占比/%	13.5	13.5	13.5	12.5	12.5	12.5	13.5	13.5	13.5	12.5	12.5	13.5	/
钻展流量/次	28 350	16 200	26 036	23 036	21 692	34 114	47 520	50 843	73 575	82 500	69 844	60 480	534 189
点击单价/元	0.80	0.80	0.80	0.80	0.80	0.80	0.80	0.80	0.80	0.80	0.80	0.80	/

续表

2019 年年度营销规划												
日期	1 月	2 月	3 月	4 月	5 月	6 月	7 月	8 月	9 月	10 月	11 月	12 月	总计
费用合计/元	22 680	12 960	20 829	18 429	17 354	27 291	38 016	40 674	58 860	66 000	55 875	48 384	427 351
淘宝客占比/%	4.5	4.5	4.5	4.5	4.5	4.5	4.5	4.5	4.5	4.5	4.5	4.5	
淘宝客流量/次	9450	5400	8679	8293	7809	12 281	15 840	16 948	24 525	29 700	25 144	20 160	184 228
淘客佣金/%	5	5	5	5	5	10	5	5	5	10	10	10	/
费用合计/元	9450	4725	6075	5805	6345	18 360	11 880	13 770	14 715	35 640	40 230	30 240	197 235
推广费总计/元	62 370	34 965	54 675	52 982	50 771	88 225	100 584	108 677	152 055	204 600	197 798	153 888	1 261 589

（2）资源分配预算

在进行了营销费用的预算之后，作为团队还需要对其他资源分配进行预算，如人力资源、学习资源、产品资源等。

在人工分配上需要充分调动每个岗位员工的积极性，保证每个岗位的最大工作效率，使员工工作有动力、产出绩效高。例如，某母婴店铺按照当下的销售情况正常需要 10 个客服，每人按平均薪资 4500 元/月计算，那么客服岗位每月的人工工资支出总计需要 45 000 元。商家在固定资金分配的情况下可以适当对员工绩效进行调整，通过合理的安排提高工作效率，然后将人员缩减到 8 人，那么每月的客服部门总工资就是 36 000 元/月；或者根据类目情况的不同，可以适当地将客服外包，那么自己团队全职的客服就只需要 3 人，1 个客服主管和 2 个售后客服，剩余的售前客服外包给客服公司，按照目前的市场价大概在 10 000 元/月，再加上自身团队客服工资 13 500 元/月，这样每月的客服部门总工资就是 23 500 元。所以商家可以根据不同的需求进行更加科学合理的人员安排，以提升每个部门的产出效率。

在电商"以变为不变"的形势下，学习是团队日常当中很重要的内容，团队每个岗位的成员都需要不断学习新的知识、新的思维方式。例如，设计部门，从淘宝刚开始发展时的简单拍摄上图，到后期的专业拍照设计，再到现在通过 C4D 处理带来更高质量的图片，美工需要根据市场的发展来不断提升自身的技能。相比高薪聘请这方面的高技术人才，团队自己培养人才的成本会更低。例如，某公司现有设计部，平均每位设计师的工资为 6000元/月，在团队需要应对市场变化做 C4D 效果图片时，假如把现有工作两年的设计师替换掉，重新招聘一个懂这项技能的设计师最少需要 10 000 元/月，那么每月就需要增加 4000 元的人力成本，相反，假如让设计人员花一个月的时间去比较专业的机构培训学习，其费用大概在 5000 元左右，这样一年下来可以减少 43 000 元的支出。这样不仅能够培养团队整体的学习氛围，还能避免因裁员而带来的负面影响。

在运营推广上也是一样的道理，很多标品类目都比较雷同，在功能上没有差异性，商家想通过产品的差异化来提高客单价、增加销售额，效果不是很明显。这时就需要通过降低产品售价和提高广告投入预算来占领市场。例如，某标品类目，在没有品牌影响力的情况下，每个店铺产品的竞争基本上就是价格的竞争，通过占据好的"坑位"带来更多的自然流量，假如产品之前卖 39.9，利润有 15 元，但是每月的销量只有 2000 件，推广费用为每月 10 000 元，那么利润是 20 000 元/月，但是假如价格降为 29.9 元，前期推广费需要100 000 元/月，可以带来 10 000 件销量，推广期 2 个月，每月利润为-50 000 元。但是稳定之后每天可以带来稳定流量，并且每月能保持 10 000 件的销量，稳定之后的利润为50 000 元/月（见表 7-6），这将会带来更多的利润。

表 7-6 推广案例费用解析

之前售价/元	39.9	降价后价格/元	29.9
利润/元	15	每月推广费/元	100 000
每月推广费/元	10 000	每月利润/元	-50 000
每月利润/元	20 000	每月销量	10 000

通过上述的案例，我们可以看到，在资源有限的情况下，可以对各项资源进行合理的二次分配，使现有的资源发挥更大的作用。

（3）物流费用的测算

在日常的营销推广费用中，除了线上的推广费用之外还有重要的一项就是物流费用。在电商的销售中，较大的店铺每日的订单量相对都比较大，所以物流费用也比较高。在做营销规划的时候商家需要把物流费用计算进去，以确保物流费用在整体销售额中的占比是合理的，避免后续出现物流费用占比过高的情况。商家要明确物流费用包含了快递费用、物料费用和人工费用（见表 7-7）。

表 7-7　2019 年物流费用预算

日期	1 月	2 月	3 月	4 月	5 月	6 月	7 月	8 月	9 月	10 月	11 月	12 月	总计
月度销售额/元	4 200 000	2 100 000	2 700 000	2 580 000	2 820 000	4 080 000	5 280 000	6 120 000	6 540 000	7 920 000	8 940 000	6 720 000	60 000 000
快递费占比/%	8.93	9.25	9.655	9.16	8.82	7.61	9.36	8.26	9.36	9.01	9.07	9.25	/
快递费预算/元	374 879	194 277	260 431	236 328	248 724	310 488	494 208	505 512	612 114	713 592	810 858	621 600	538 304
物料成本占比/%	0.91	0.85	0.86	0.79	0.91	0.95	0.78	0.86	0.95	0.73	0.68	0.79	/
物料成本预算/元	38 220	17 850	23 220	20 382	25 662	38 760	41 184	52 632	62 130	57 816	60 792	53 088	491 736
人工工资占比/%	0.86	1.51	1.16	1.35	1.58	1.67	1.53	1.38	1.25	1.15	1.09	1.25	0
人工工资预算/元	36 120	31 710	31 320	34 830	44 556	68 136	80 784	84 456	81 750	91 080	97 446	84 000	766 188

商家的快递费用可以根据往年每月快递费用占比来预估未来一年每月的快递费用情况，每月的快递费用占比的计算是通过该月的快递费用总数除以每月的销售总额得出的，由此可得出单个快递费用占比就是单个包裹平均运费除以客单价。所以快递费用占比的高低体现了每个包裹的价格高低，快递费占比越低说明单个包裹的利润就越高，反之则越低。

物料成本占比和快递费占比计算方式是一样的，是每月总的物料成本除以该月销售金额，单个包裹的物料成本就是单个平均物料费除以客单价。在优化物料成本占比的过程中，商家需要减少物料的不必要浪费，从而提高物料的使用率。

人工成本占比同理，是每月仓库总的人工工资除以该月的销售金额，单个包裹的人工成本占比就是每个包裹的平均人工成本除以客单价。商家在优化人工成本占比时，需要采用合理的绩效管理措施，以优化每个人的发货效率。

从上面三项成本占比中我们可以发现，每项成本占比都和客单价有着直接的关系，所以商家在日常营销中，应当不断优化客单价，与此同时降低物流费用，从而提升每个包裹的收益。

7.3.4　营销规划的制订

1. 制订营销规划的意义

制订营销规划的意义在于，团队将每个月的营销目标进行拆解，得出更加精细化的数据指标，然后再根据企业架构将人员分配到各个岗位，进行落实执行，并且在每月结束的时候对比规划数据进行复盘工作，优化工作流程、总结营销经验，使企业得以发展。

2. 制订营销规划的方法

在规划完营销费用之后，下一步我们需要将所有的规划数据落实到每个产品上，将产品进行进一步的拆解。

在日常的营销过程中，我们将店铺的产品以梯队的形式进行划分，分为第一梯队、第二梯队、第三梯队。第一梯队的产品是日常销售中占比较高、店铺主推的产品。所以在货品的拆解过程中，我们需要对第一梯队的产品进行拆解，然后根据第一梯队的产品在店铺整体中的占比来推算出其他系列产品在店铺中的占比。

商家首先要确定爆款产品，然后根据历年爆款产品销售额在整体销售额的占比情况，对客单价、转化率、访客数进行推算。在营销过程中，在爆款不变的情况下，整体的客单价可能受官方大促或者店铺活动的影响会有略微波动，具体细分到每月时可以以历年的月平均客单价来进行推算。转化率也是同样的道理，如果第一梯队的产品销量较为稳定则转化率变化不大。所以我们可以推算出每款爆款产品所需的访客数。

在确定了爆款的访客数之后，就可以根据团队的产品规划情况，依据历年的数据规划出潜力款的产品在全年销售额中的占比情况，推算出潜力款产品的具体销售额，再根据其客单价和转化率推算出具体所需的访客数。剩下的其他产品都归为基础款，用同样的方法，可得出基础款产品的访客数，店铺产品梯队表，如表 7-8 所示。

如果是新开的店铺，由于自身没有往年销售数据作为参考，就需要在市场中找出和自身情况较为接近的竞争对手，参考他们店铺初期的数据，从而对货品进行相对应的拆解分析。

表 7-8　每月目标产品拆解

店铺销售额目标/元	产品名称		访客数/个	转化率/%	客单价/元	目标30天付款人数	目标日均销售件数	目标销售额/元	实际销售件数	实际销售金额/元	目标销售额占比/%
4200000	爆款	纸尿裤A	132000	25	70	30000	1000	2310000			55.0
		拉拉裤	40385	24	65	9692	323	630000			15.0
	潜力款	组合装	21429	20	98	4286	143	420000			10.0
	基础款	其他	34711	22	110	7636	255	840000			20.0
	总计		228524	/	/	51614	1720	4200000			100

所有的这些数据合计之后就可以得出全店每月的累计所需访客数、单品转化率和客单价数值，然后商家再根据之前的全年营销规划来判定是否能够匹配完成，如果推算结果有出入，就需要进行相对应的调整，最终完成全年的营销规划。

本章小结

本章主要内容是关于营销规划制订流程，首先团队会根据现实情况制订营销规划，然后将总的营销规划进行拆解，拆解为每一个具体可执行的任务。拆解包括对销售额目标的拆解和流量目标的拆解，在主要的数据拆解完成之后再对营销费用进行预算，最后落实到对货品的拆解。制订营销规划的主要作用是让团队在后续执行过程中更能明确目标，操作更具有计划性。

本章习题

1. 什么是营销规划？
2. 简述营销规划的目的。
3. 流量目标的规划方法有哪些？
4. 物流费用测算包含哪些内容？

第 8 章

数据监控

8.1　数据监控的概念和目的

8.1.1　什么是数据监控

在做完营销规划之后，商家需要对规划中的细分指标进行执行实施，同时需要将实际营销过程中的真实效果与规划的目标进行比对，观察实际营销结果是否达到了预期的规划目标。如果没有达到目标，则需要及时进行调整。在日常的执行过程中商家需要对自身店铺的各项核心数据进行记录监控，监控店铺的销售额、访客数、客单价、转化率等各项数据，来保证店铺日常营销的有序进行，同时商家还要做到知己知彼，监控竞争对手的数据变化，以及营销策略的变化，以便做出更加合理的营销决策。

8.1.2　数据监控的目的

数据监控需要商家及时记录、跟踪店铺生意参谋中的核心数据指标，如图 8-1 所示，商家可以通过涨幅百分比实时观察每块数据是涨了还是跌了。从图 8-1 中我们可以看出支付金额较前一日上涨了 10.96%，数据表现较好。进行数据监控是商家日常工作中不可或缺的一部分。做好店铺的每日数据监控，商家就可以清楚地了解店铺每日的营销情况，包括销售额、访客数、转化率、客单价的详细指标。另外，根据每日数据的涨幅波动情况，商家就可以快速发现店铺每日营销过程中出现的问题与不足，以便快速地进行调整和优化。店铺在月度总结的时候统计出该月的目标完成情况，看是否达到预期，指标是超过了还是偏低了，就可以进行相应的总结和分析。

图 8-1　生意参谋核心数据

在监控竞争对手数据的时候，商家可以清楚直观地了解竞争对手的营销策略。竞争对手是我们最好的学习对象，通过对竞争对手数据的日常监控，商家可以把握竞争对手数据背后的营销逻辑，取长补短。

数据监控还有一个重要的好处，就是系统的数据体系，可以为店铺下一年的营销规划提供更加详细切实的数据支撑，由此可以做出更客观的营销规划。现在电商的发展速度非常快，商家需要及时跟上市场的变化情况，做出经验总结和战略调整。

总之，数据监控一共分为两个部分：自身店铺数据监控和竞争对手数据监控。自身数据监控的目的是观察店铺各部分数据是否健康发展；竞争对手的数据监控可以帮助店铺分析竞争对手的最近营销策略，进行优势互补。系统的数据监控体系可以为未来的营销规划提供更好的数据支撑。

8.2 数据监控维度分析

8.2.1 店铺营销数据的监控

1. 监控自身店铺营销数据的目的

在日常营销过程中，商家每天都会对店铺生意参谋中的数据进行观察并统计汇总，在统计的过程中可以对比今日实时数据和往日的数据，以便第一时间找出问题所在，并且第一时间进行处理。如图 8-2 所示，在 2018 年 10 月份的店铺数据中支付转化率较前一日下降了 15.56%。经过分析得知，由于"双 11"之前市场开始预热，从而导致店铺产品的转化率开始下降。店铺在营销规划过程中，已经对全店的每个板块的目标进行了拆解，同时对团队的成员进行了较为细致的分工，在问题出现的时候，确保能够快速地找到这块数据相对应的负责人，及时与其进行沟通，从而协商解决问题的策略。

图 8-2　2018 年 10 月份店铺数据

在团队的日常运营过程中，如果能在第一时间找到异常数据的负责人，将大大提高团队的管理效率。在团队的运作过程中，每个岗位所涉及的数据板块都有所差别，作为管理层不可能对每一个岗位的工作任务进行具体的监督，所以在监控店铺的数据的时候就可以从店铺的异常数据板块来切入，找出团队目前存在的问题，这样可以大大提高团的管理效率。

作为运营岗位，在日常的店铺数据监控中，如果发现访客数快速下降，就需要对每个流量渠道进行分解并分析每个渠道是否存在问题。比如，正常每天的访客数是 30 000 人次，某天突然降到了 20 000 人次，这时候商家就需要分析是免费流量出了问题还是付费流量出了问题。如果是免费流量出现问题，就要进一步分析是自然搜索流量出现了变化还是其他免费流量出现了变化；在免费流量和往日对比没有明显变化的情况下，就需要进一步分析付费流量板块，是直通车、钻展、淘宝客的哪一个板块出现了问题；如果免费流量和付费流量同时出现大幅度下降，就有可能是某个链接的坑产出现了严重的下滑。

店铺的数据监控，可以让团队的管理效率提高，同时让具体的岗位人员的工作更有针对性，从而提高日常工作效率，并能及时快速地解决存在的问题。

2. 店铺营销数据监控

（1）访客数的监控

店铺访客数的监控，即对店铺访客数的每日走势、不同渠道组成及访客数目标达成率的记录和监控。生意参谋工具会记录每日的访客数情况（见图 8-3），并制作出流量的总体走势图（见图 8-4）。

对比平日的流量情况，商家可以清楚地看到 11 月 9 日至 11 月 12 日访客数有较大变化，如图 8-3 所示，这种影响持续到 11 月 18 日，如图 8-4 所示。这时商家就需要找出流量下跌的具体原因，是店铺自身的因素还是市场的原因，从而及时处理出现的问题。商家通过分析之后发现，店铺没有存在特别严重的问题，只是因为这个时间节点刚好是"双 11"马上就要来临了，大多数买家的购物需求急速下降，而且店铺没有进入官方活动会场；而在"双 11"过后的数据低迷，是因为"双 11"消费者集中消费之后，市场大盘还没有回暖，所以才导致了以上数据异常的情况。所以这几天的数据异常不是由于店铺的运营问题，而是受市场影响所致。针对这次流量的下滑，商家需要有相应的对策。商家可以通过增加直通车、钻展或淘宝客投入来引流，保持整体的运营不被竞争对手超越，在市场中的排名能够处于比较稳定的状态，不被市场的波动所影响。

图 8-3　11 月份每日访客数据

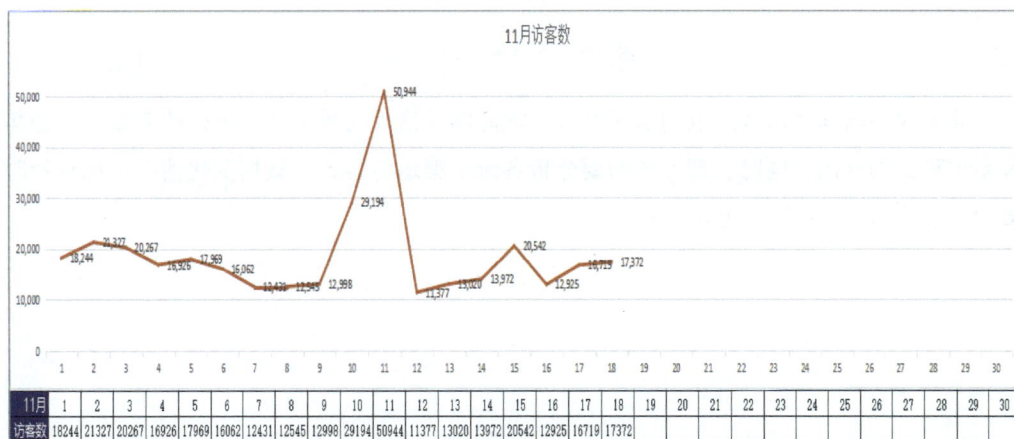

11月	1	2	3	4	5	6	7	8	9	10	11	12	13	14	15	16	17	18	19	20	21	22	23	24	25	26	27	28	29	30
访客数	18244	21327	20267	16926	17969	16062	12431	12545	12998	29194	50944	11377	13020	13972	20542	12925	16719	17372												

图 8-4　11 月份访客数监控走势图

在监控了每月整体的访客数之后，商家还要对该月的其他流量渠道的数据进行监控（见图 8-5），分析每个流量渠道的走势情况，从图 8-5 中可以看出该店铺的流量主要来源为手淘搜索、我的淘宝和购物车。商家通过百分比数值可以清晰地看到每种流量的变化情况，手淘首页在下单买家数中上涨了 40.82%，说明近期手淘首页数据表现较为不错，如果要确保手淘首页流量的持续稳定，近期要对手淘首页的数据进行维护，以保证流量的稳定增长。

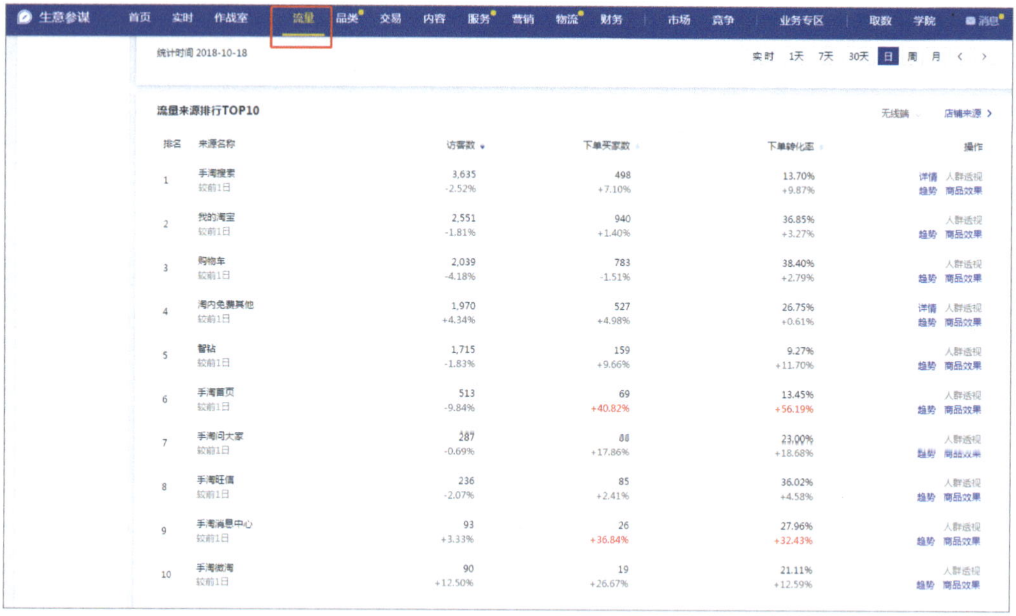

流量来源排行TOP10

排名	来源名称	访客数	下单买家数	下单转化率	操作
1	手淘搜索 较前1日	3,635 -2.52%	498 +7.10%	13.70% +9.87%	详情 人群透视 趋势 商品效果
2	我的淘宝 较前1日	2,551 -1.81%	940 +1.40%	36.85% +3.27%	人群透视 趋势 商品效果
3	购物车 较前1日	2,039 -4.18%	783 -1.51%	38.40% +2.79%	人群透视 趋势 商品效果
4	淘内免费其他 较前1日	1,970 +4.34%	527 +4.98%	26.75% +0.61%	详情 人群透视 趋势 商品效果
5	智钻 较前1日	1,715 -1.83%	159 +9.66%	9.27% +11.70%	人群透视 趋势 商品效果
6	手淘首页 较前1日	513 -9.84%	69 +40.82%	13.45% +56.19%	人群透视 趋势 商品效果
7	手淘问大家 较前1日	287 -0.69%	88 +17.86%	23.00% +18.68%	人群透视 趋势 商品效果
8	手淘旺信 较前1日	236 -2.07%	85 +2.41%	36.02% +4.58%	人群透视 趋势 商品效果
9	手淘消息中心 较前1日	93 +3.33%	26 +36.84%	27.96% +32.43%	人群透视 趋势 商品效果
10	手淘微淘 较前1日	90 +12.50%	19 +26.67%	21.11% +12.59%	人群透视 趋势 商品效果

图 8-5　各流量渠道数据

商家找到店铺最适合选取的引流方式，就能够以最少的成本带来更好的流量发展趋势和更加稳定的产出。同时，商家还需要分析各流量渠道访客数的数据变化情况，以求及时高效地解决出现的问题（见表 8-1）。

表 8-1　各流量渠道访客数

11月份访客数					单位：个
时间	手淘搜索	购物车	淘内免费其他	我的淘宝	智钻	总计
11月1日	3530	3092	2796	2749		20892
11月2日	3228	3182	2707	2704		24492
11月3日	3059	2895	2605	2539		23146
11月4日	3407	2507	2028	2392		18666
11月5日	3766	2745	2110	2643		19825
11月6日	3288	2385	1718	2355		16752
11月7日	3208	2181	1734	2229		12626
11月8日	2773	2078	1653	2255		12297
11月9日	2699	2330	1720	2116		12777
11月10日	6198	6416	3415	4965		27475
11月11日	10812	13998	6762	10707		53766
11月12日	2681	1739	1491	2780		9466
11月13日	2354	2469	2419	2413	3522	14408
11月14日	2512	2388	2370	2317	3220	15154
11月15日	2892	3238	2152	2326		23752
11月16日	2861	2479	2092	2625	3017	14576
11月17日	2725	2722	2079	2779	2761	19269
11月18日	2726	3159	2353	2976	3287	21062
11月19日	2729	2534	2127	2856	2857	15630
总计	67448	64537	46331	58726	18664	**376031**

　　在完成对店铺的整体访客数据的监控之后，接下来商家需要对店铺主推款进行数据监控。主推款的销售情况会直接影响店铺的整体情况，所以需要重点关注，防止出现突发情况，对整体造成重大的损失。

　　监控主链接的数据时，商家需要关注主要流量渠道的流量情况和关键词的流量情况。例如，流量板块中非常重要的一部分就是搜索流量，因为所有的付费流量最终的目的就是引来免费流量。商家根据表 8-1 中的数据可以制出搜索流量的近期走势图，如图 8-6 所示，便可以清晰地看到主推链接的手淘搜索访客走势情况。在 11 月 5 日的时候流量开始逐渐下滑，虽然期间有一些波动，但一直到 11 月 19 日还是低于之前的日常情况。如果出现了流量的波动，商家就需要立即针对该情况进行分析并且制订出解决方案。值得注意的是，这个时间节点刚好是官方"双 11"活动的前期，所以大盘的整体搜索流量都有所下降，"双 11"过后大盘处于逐渐回暖的状态，这个时候商家需要增加广告投入，或者增加赠品优惠来吸引顾客，从而来提升销量、稳定产出，保住主链接的搜索排名，不至于被竞争对手超越。

图 8-6　手淘搜索访客数走势图

　　搜索流量是由每个关键词的搜索流量组成的，因此商家还需要对核心关键词的访客数进行监控（见表 8-2），然后根据数据表格系统制出每个关键词的走势图，如图 8-7 所示，在走势图中商家就可以非常直观地看出每个关键词的变化情况，如"湿巾"这个关键词在 11 月 5 日至 11 月 9 日出现了上涨情况，从店铺分析来看，"湿巾"关键词访客数的小幅度上涨，带动了自有店铺关键词的上涨。

表 8-2　核心关键词访客数

11月份核心关键词访客数							单位：个
成交关键词	湿巾	湿纸巾	湿巾 婴儿	湿巾 婴幼儿	婴儿湿巾	湿纸巾 婴儿	总计
11月1日	955	373	521	299	265	265	2678
11月2日	930	266	521	251	316	200	2484
11月3日	1051	267	666	318	357	123	2782
11月4日	1021	295	655	315	314	144	2744
11月5日	947	332	573	285	273	195	2605
11月6日	955	336	589	229	239	168	2516
11月7日	987	349	527	220	247	154	2484
11月8日	1039	322	643	253	303	160	2720
11月9日	1138	365	638	349	354	200	3044
11月10日	979	386	655	193	203	258	2674
11月11日	952	365	618	200	204	257	2596

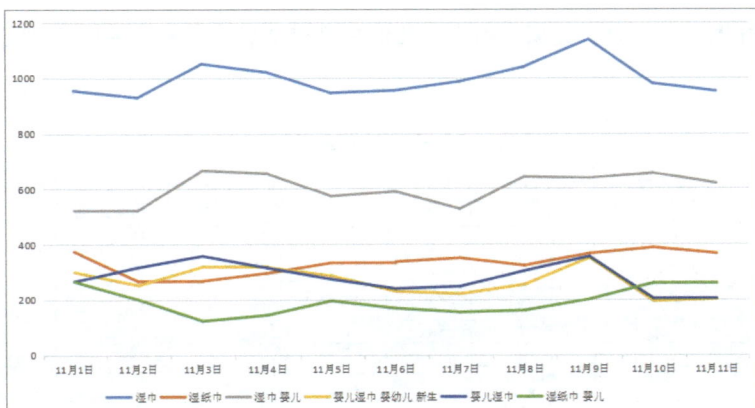

图 8-7　核心关键词走势图

（2）转化率的监控

转化率在店铺中是非常重要的数据，一旦出现波动，就会直接造成销售额的下降，所以每天跟踪转化率的情况就显得尤为重要，店铺中的转化率可以细分为全店成交转化率、询单转化率和静默转化率，商家可以在生意参谋中找到全店的转化率数据（见图 8-8）。

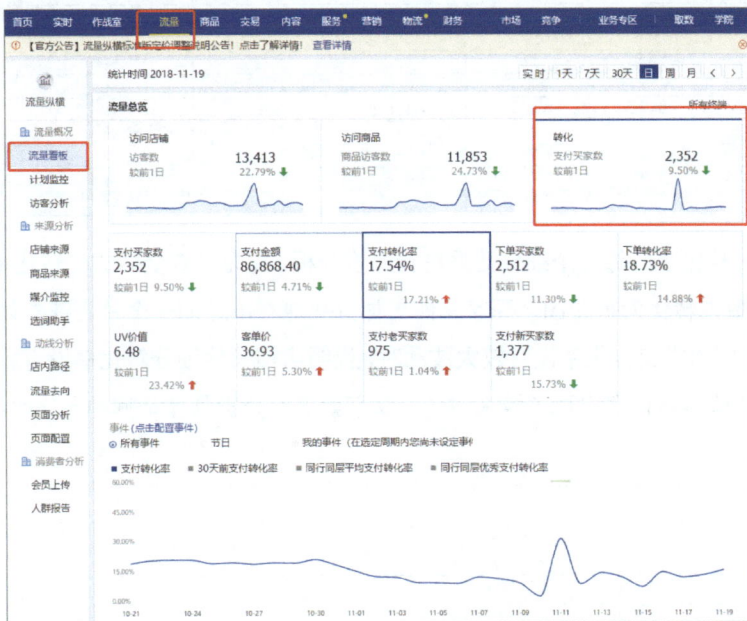

图 8-8　全店转化率数据

　　为了更好地记录和分析数据，商家需要汇总监控全店成交转化率的各项指标情况（见表 8-3）。

表 8-3　全店转化率监控表

日期	店铺销售额/元	浏览量(PV)	访客数(UV)	全店成交转化率/%	询单转化成功率/%	静默转化率/%
2018-10-01	104411	43666	10147	19.81	71.81	15.02
2018-10-02	101858	46185	11611	17.32	69.35	13.38
2018-10-03	103233	52540	13489	15.46	67.60	12.00
2018-10-04	92289	34968	8224	19.43	69.04	15.24
2018-10-05	95569	38978	10082	17.19	70.00	13.22
2018-10-06	116650	69573	20143	12.27	66.72	9.20
2018-10-07	104036	49036	12920	15.09	63.91	12.24
2018-10-08	98701	37271	8621	19.60	66.86	15.27
2018-10-09	90359	37984	9238	16.48	68.73	12.95
2018-10-10	140776	76160	22054	14.49	70.05	11.23
2018-10-11	121633	61254	16978	15.57	69.33	12.25
2018-10-12	103232	52731	15419	13.68	67.22	10.42
2018-10-13	100699	36584	8116	21.02	73.65	16.21
2018-10-14	109489	40262	8604	22.47	74.19	17.24
2018-10-15	111802	41740	8914	21.83	73.57	16.37
2018-10-16	107785	35784	7896	22.94	73.35	16.78
2018-10-17	107482	45365	9209	20.85	71.83	15.64
2018-10-18	109917	43665	9072	22.17	71.46	16.88
2018-10-19	102349	41399	8913	20.89	70.60	16.25
2018-10-20	103258	47838	9887	20.58	66.33	15.96
2018-10-21	104204	47518	9651	21.19	69.10	15.98
2018-10-22	110479	46267	9098	22.73	71.05	17.21
2018-10-23	102871	47992	9355	23.07	73.00	17.34
2018-10-24	105151	46714	9042	23.00	72.77	17.41
2018-10-25	99846	50216	9632	21.23	70.59	15.96
2018-10-26	94164	49672	9050	21.66	71.76	16.03
2018-10-27	88436	45751	8588	20.92	67.93	16.23
2018-10-28	98033	43059	8533	21.60	69.47	16.48
2018-10-29	91589	44928	8347	21.40	67.26	16.10
2018-10-30	106703	52170	9696	23.17	71.37	17.42
2018-10-31	125291	79710	17942	20.45	65.45	15.74

　　然后针对转化率的每一个细分数据进行深度分析，首先是看全店成交转化率的走势（见图 8-9）。把数据转化为折线图，商家就能更加直观地看出近期一个月店铺整体转化率的走势情况。当全店的成交转化率没有较大波动时，说明店铺其他细分转化率没有太大的波动，而如果店铺的整体转化率出现了较大波动，商家就需要分析具体是哪种转化率出现了问题。

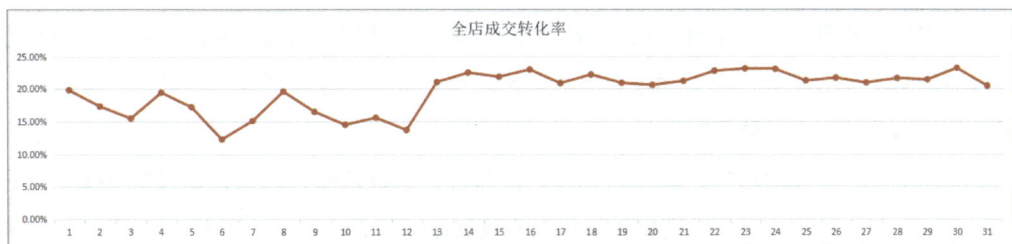

图 8-9　全店成交转化率走势图

　　转化率可以细分为询单转化率和静默转化率,询单转化率就是来店铺咨询客服并最终下单的人数占来店铺咨询总人数的百分比,商家可以根据数据制作成询单转化率走势图(见图 8-10)。比如,一天之内有 60 个人来咨询客服,只有 30 个客人下单购买,那这位客服的询单转化率就是 50%。因为来咨询客服的客户都是有一定购买意向的,所以询单转化率数值一般都比较高,而客服带来的量在整体的销量中占有很大的比重,所以询单转化率数据的重要性不言而喻。

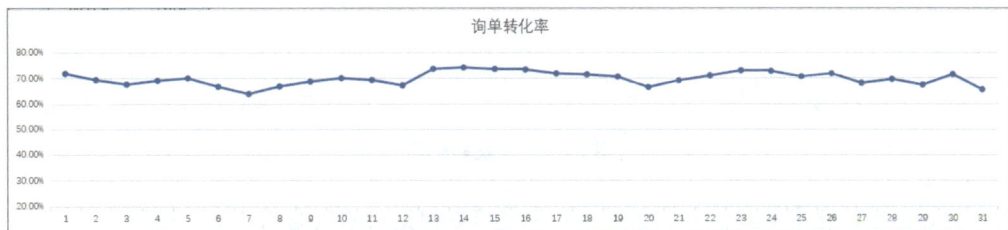

图 8-10　询单转化率走势图

　　询单转化率能反映出客服的业务能力和服务质量。客服方面,影响询单转化率的因素有专业知识、服务话术、销售技巧、服务态度、绩效考核指标。专业的客服团队,能够使客户产生强烈的信任感,增强店铺的影响力。客服人员对专业技能的掌握程度直接决定了询单转化率的高低,当客服具备了一定的专业性,在面对客户的咨询时才能够信手拈来,回答问题时才会具有说服力,才能促成客户的购买下单和二次消费。

　　当商家监控客服岗位的每位员工并进行数据对比后,就可以清楚地了解每个客服的业务能力,而且要对比近期的数据情况,假如有较大幅度的波动,就要立刻进行调整。我们发现接待人数多的客服人员,在询单人数和付款人数的数量上也占有一定优势,而接待人数分布是否均匀,决定了店铺的顾客分流是否合理。由于客服人员每天接待的客户数量比较多，客户的类型也多种多样，所以商家要经常关注团队成员的心态状况，避免出现心态不好而影响工作效率的情况。如果客服人员压力比较大，商家就要及时与其进行分流，以保证整体询单转化率的数值在正常水平。

和询单转化率相对应的是静默转化率，静默转化率就是没有通过咨询客服直接下单的客户占比，和询单转化率一样需要做出对应的数据监控和分析图（见图 8-11）。静默转化率和商品质量、商品月销售纪录、买家评价、店铺 DSR（动态评分）评分、商品价格等基础因素相关。静默转化率的表现情况很大程度上表明了店铺的基本功是否已经做好，例如，某个店铺的 DSR 评分很低，整体店铺形象在消费者心中的第一印象就会很差，即使很喜欢该店的商品，也会担心有其他的问题，如发货速度是不是很慢、客服的态度是不是很差、商品实物是不是没有像描述的那么好等，最终导致客户流失。

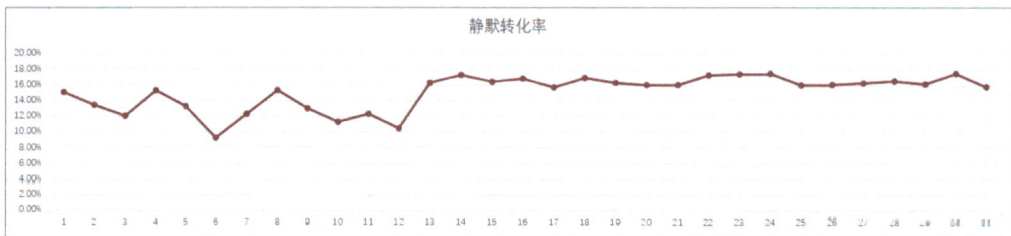

图 8-11　静默转化率

做好店铺转化率的具体分析之后，商家就可以根据日常数据的波动，找到对其负责的岗位人员，可以快速地进行更改和处理，来确保店铺整体的销售额。

（3）客单价的监控

店铺的访客数和转化率分析完之后，还有个重要的数据就是客单价。客单价=支付金额/支付买家数，即平均每个支付买家的支付金额。

客单价的数据是比较核心的部分，所以商家每日都需要对其进行数据统计，并且做好分析工作。为了更好地分析客单价的数据，商家还需要统计一些其他相关的指标（见表 8-4）。客单价变动的相关因素有关联销售、客服推荐、店铺满减、官方活动等，商家可以通过这几种方式来提高店铺的客单价。

表 8-4　客单价相关指标

10月份店铺客单价数据					
统计日期	支付金额/元	支付件数	支付买家数	人均支付件数	客单价/元
10月1日	104411	5660	2010	2.82	51.95
10月2日	101858	5521	2011	2.75	50.65
10月3日	103233	5572	2085	2.67	49.51
10月4日	92289	4853	1598	3.04	57.75
10月5日	95569	5071	1733	2.93	55.15
10月6日	116650	6231	2471	2.52	47.21
10月7日	103933	5503	1949	2.82	53.33
10月8日	98701	5166	1690	3.06	58.40
10月9日	90359	4713	1522	3.10	59.37
10月10日	140776	7723	3196	2.42	44.05
10月11日	121633	6644	2643	2.51	46.02
10月12日	103232	5548	2109	2.63	48.95
10月13日	100699	5288	1706	3.10	59.03
10月14日	109489	5715	1933	2.96	56.64
10月15日	111802	5827	1946	2.99	57.45
10月16日	107785	5593	1811	3.09	59.52
10月17日	107482	5677	1920	2.96	55.98
10月18日	109917	5836	2011	2.90	54.66
10月19日	102349	5428	1862	2.92	54.97
10月20日	103258	5525	2035	2.71	50.74
10月21日	104204	5542	2045	2.71	50.96
10月22日	110479	5785	2068	2.80	53.42
10月23日	102871	5501	2158	2.55	47.67
10月24日	105151	5605	2080	2.69	50.55
10月25日	99846	5305	2045	2.59	48.82
10月26日	94164	4989	1960	2.55	48.04
10月27日	88436	4675	1797	2.60	49.21
10月28日	98033	5083	1843	2.76	53.19
10月29日	91589	4821	1786	2.70	51.28
10月30日	106703	5664	2247	2.52	47.49

　　根据客单价的统计数据，商家相应地可以做出客单价的走势图，来观察每日的数据变化情况（见图 8-12）。

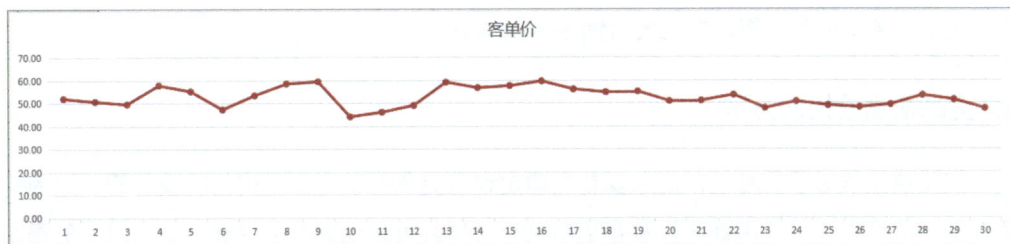

图 8-12　客单价走势图

　　由于客单价=支付金额/支付买家数，而支付金额的影响因素包含了商品单价和人均购买件数，所以在分析完客单价之后，商家需要进一步对人均支付件数进行分析（见图 8-13）。商家根据人均支付件数可以更加直观地分析出客单价数据波动的因素，因为相同单价的情况下，人均支付件数越多说明带来的客单价越高，反之则越低。如果商家发现人均支付件数出现波动，就要及时检查店铺的各种优惠、促销活动是否存在问题，有问题就要及时进行调整解决。通过整体和细分的客单价监控，商家便可以轻松地找出问题所在，并及时应对。

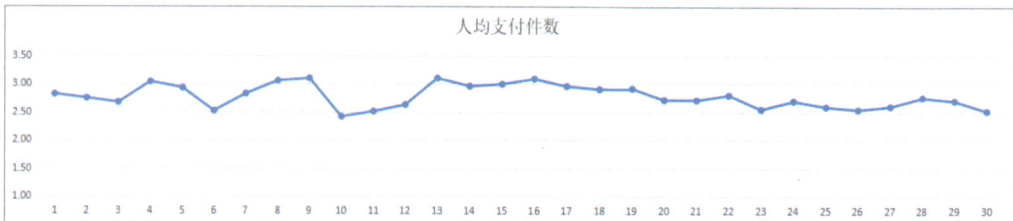

图 8-13 人均支付件数走势图

8.2.2 竞品数据的监控

1. 竞品数据监控的目的

俗话说："知己知彼，百战不殆。"在店铺的日常营销过程中，商家除了对自己店铺数据进行监控外，还需要对竞争对手的数据进行监控分析。因为竞争对手的运营方式、营销策略、流量渠道等，直接影响了自身店铺在市场当中的排名情况，同时竞争对手也是我们学习的对象，取长补短，自己的店铺才能做得更好。

2. 竞品数据监控的方法

在监控竞争对手的时候，商家要首先确定谁是竞争对手。在不同的阶段选择不同的竞争对手，就可以让自身店铺在日常竞争中具有合理且可超越的竞争目标。竞争对手的确定需要满足几个原则：第一，竞争对手与自己具有相同的目标人群。第二，竞争对手与自己的整体销售额在同一个层次。第三，竞争对手与自己产品的客单价处于同一个价格带。

在确定完竞争对手后，商家需要对竞争对手的数据进行分析。首先商家要根据生意参谋中的竞店分析，找到竞品店铺的数据（见图 8-14），然后对竞争店铺做出整体的数据分析，监控竞争店铺每日在该类目下的整体销售额（见表 8-5），从而了解竞争对手的整体实力。

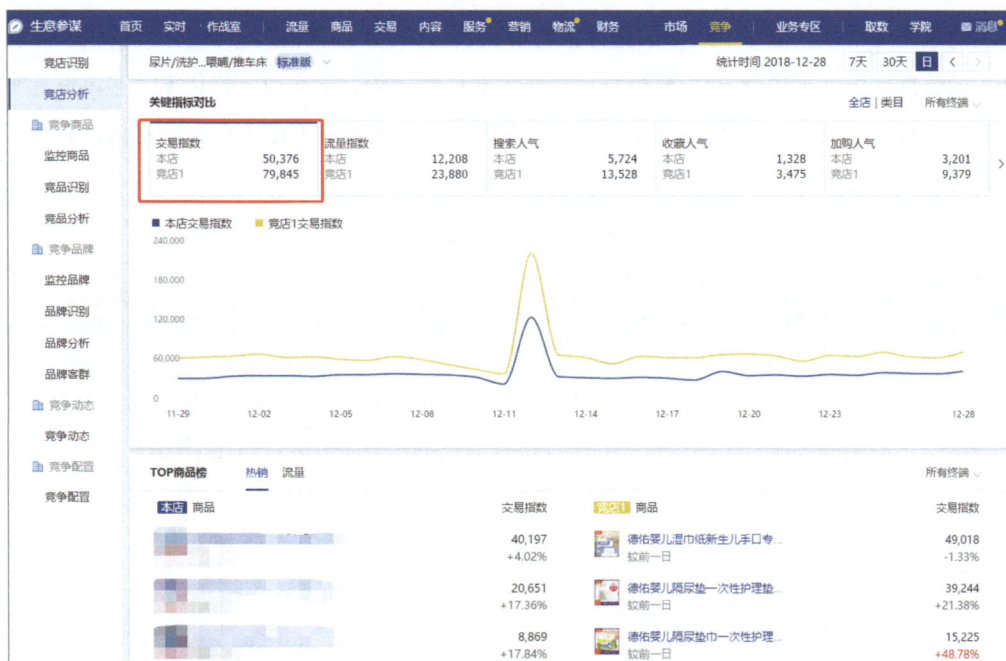

图 8-14　竞争对手数据截图

表 8-5　竞争对手销售额

								单位：元
序号	店铺	10月1日	10月2日	10月3日	10月4日	10月5日	10月6日	10月7日	合计
1	babycare旗舰店	45,194	46,456	46,116	57,128	58,286	56,702	69,075	378,957
2	好孩子官方旗舰店	103,960	110,434	110,430	96,044	245,256	171,193	105,454	942,771
3	子初旗舰店	104,917	83,927	35,996	274,594	191,264	210,229	149,531	1,050,458
4	anmous旗舰店	61,488	96,059	147,947	77,084	108,325	75,911	54,773	621,587
5	德佑旗舰店	151,339	177,936	167,537	188,417	193,269	162,116	177,411	1,218,025
6	棉花秘密旗舰店	95,528	70,484	32,217	25,527	25,309	25,093	31,955	306,113
7	沐阳母婴旗舰店	49,139	62,856	87,626	130,847	75,845	87,925	125,132	619,370
8	十月结晶旗舰店	54,502	50,043	51,509	53,235	52,964	57,053	55,924	375,230

其中表头标题为："湿巾品类竞争品牌销售额"

商家在分析完竞争对手店铺的整体销售情况之后，接下来就需要分析主要竞争单品（竞品）的数据情况（见表 8-6）。分析竞品数据主要从销售额、访客数、转化率、客单价几个方面来进行分析，商家监控店铺日常数据的走势，观察竞争对手是否有新的变化，并思考在该情况下自己如何能超越竞争对手。

表 8-6　竞品数据监控

湿巾品类竞争爆款											
序号	产品	价格/元	指标	10月23日	10月24日	10月25日	10月26日	10月27日	10月28日	10月29日	销售额总计/元
1	沐阳婴儿湿巾	29.9	销售额/元	60,102	54,235	51,794	90,159	71,339	69,369	57,216	454,215
			访客数/个	9,942	9,369	10,330	21,724	16,439	11,518	13,207	
			转化率/%	18.86	17.69	15.07	10.74	12.56	18.70	13.30	
			客单价/元	32	33	33	39	35	32	33	
2	德佑婴儿湿巾	29.9	销售额/元	136,128	150,415	122,635	105,841	132,217	122,429	159,472	929,137
			访客数/个	23,300	21,744	18,989	16,563	19,459	17,959	21,669	
			转化率/%	17.19	20.64	18.43	18.70	20.53	19.94	21.48	
			客单价/元	34	34	35	34	33	34	34	
3	大嘴猴1包装纯棉柔巾	19.9	销售额/元	7,581	1,981	69,448	15,165	22,713	105,976	18,850	241,714
			访客数/个	3,252	2,901	19,153	4,952	9,851	18,636	6,086	
			转化率/%	14.38	2.13	25.03	20.22	14.95	24.35	20.02	
			客单价/元	16	32	14	15	15	23	15	
4	安慕斯棉柔巾	19.9	销售额/元	20,005	17,153	17,240	19,993	221,069	46,996	23,438	366,493
			访客数/个	8,273	7,572	8,504	11,058	49,523	22,251	13,671	
			转化率/%	14.21	12.71	11.81	9.04	23.55	6.66	5.75	
			客单价/元	18	18	17	20	19	32	30	
5	布朗天使婴儿湿巾	24.9	销售额/元	31,298	7,932	0	152,812	50,908	21,995	7,626	272,571
			访客数/个	6,571	4,655	6,792	17,452	10,350	6,907	3,760	
			转化率/%	14.26	6.14	0.00	44.62	20.36	12.63	6.94	
			客单价/元	33	28	0	20	24	25	29	

在生意参谋中商家可以清楚地看到竞品关键指标的对比图（见图 8-15）。根据对比图，商家可以直观地和竞争对手对比各项数据，如从图 8-15 中商家可以看出店铺在 11 月 11 日前后和竞争对手的流量指数差距较大，说明竞争对手的活动运营能力比自身店铺要强，因此，商家需要在后续的活动中多向竞争对手学习如何做好引流活动。

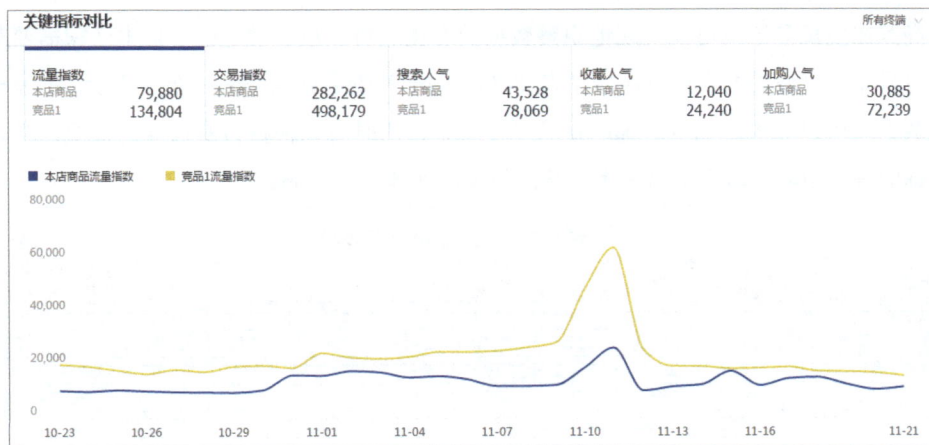

图 8-15　竞品关键指标对比图

在确定竞争店铺的关键指标后商家还需要对竞争店铺的其他数据进行进一步分析，分析其各个流量渠道每日、7 天、30 天的访客数情况（见图 8-16）。同时，了解竞争店铺的主要营销渠道，以及各个营销渠道的效果情况。另外，监控流量渠道还能更加快速地发现竞争店铺在推广策略上做出的最新改变，从而可以根据市场的变化及时做出调整和优化。

图 8-16　竞品访客数情况

商家在生意参谋中可以直观地观察数据的变化趋势，在日常运营过程中商家需要对竞品的每日流量来源数据进行监控（见表 8-7）。假如竞争店铺操作的是新品的话，商家根据监控数据就可以分析出竞争店铺的新品操作策略，同时可以根据自身店铺的情况，学习竞争店铺的操作策略，减少试错成本，从而能够快速地推广新品。

表 8-7　竞品流量来源监控 单位：次

流量来源	10月1日	10月2日	10月3日	10月4日	10月5日	10月6日	10月7日	10月8日	10月9日	10月10日	10月11日
手淘搜索	3826	2555	2574	4338	4117	2937	2320	3052	3215	4214	4118
购物车	2729	2255	2313	3177	2348	1759	1247	1121	1325	4370	5756
淘内免费其他	1183	606	615	1161	1102	862	744	942	1238	3794	4622
聚划算	604	1022	1056	9865	7801	1111				2092	3072
我的淘宝	2162	1542	1600	2228	1731	1405	1125	1046	1340	1960	2231
直通车	595	1704	1886	1665	3839	2074	1428	888	1409	2881	2646
品销宝-搜索产	2737	2022	1976	1861	1631	2046	1806	1198	1765	2112	2864
买遍全球	1059	651	806	3371	4175	1062	711	846	594	583	645
淘宝客											480
手淘问大家					363	192	177	199	191		
手淘消息中心				1000							
智钻				564							
猫客搜索		249	241		347	379	417	362	347		
手淘其他店铺	621	426	459				170	194			
手淘标签会场											
手淘微淘										310	471
WAP天猫	739										
手淘旺信									177	300	
总计	16255	13032	13526	29230	27454	13827	10145	9848	11601	22616	26905

商家在分析完流量来源后，需要进一步对竞品的核心关键词流量进行监控，生意参谋的竞品分析中有全面的关键词访客数数值（见图 8-17）。因为在自然搜索流量中，需要针对每个词进行数据优化，所以商家需要每天观察竞争店铺核心关键词流量的变化情况。

入店搜索词	引流关键词	成交关键词		淘宝 | 天猫 无线端 ⌄

竞品1 关键词	访客数
湿巾	900
湿纸巾	755
湿巾 婴儿	611
婴儿湿巾 婴幼儿 新生	455
婴儿湿巾	311
湿纸巾 婴儿	302
德佑婴儿湿巾	250
湿巾 婴儿 手口专用	175
婴儿湿巾 手口专用	121
湿巾纸	115
德佑	87
婴儿湿纸巾	80
宝宝湿巾	73

图 8-17　竞品核心关键词的访客数

在了解了竞品每日核心关键词流量数据之后，商家同样需要对竞品的关键词流量做统计分析（见表 8-8），为自身店铺的数据优化提供更好的参考。

表 8-8　竞品核心关键词流量统计

单位：次

成交关键词	10月1日	10月2日	10月3日	10月4日	10月5日	10月6日	10月10日	10月11日
湿巾	955	930	1051	1021	947	955	979	952
湿纸巾	373	266	267	295	332	336	386	365
湿巾 婴儿	521	521	666	655	573	589	655	618
婴儿湿巾 婴幼儿 新生	299	251	318	315	285	229	193	200
婴儿湿巾	265	316	357	314	273	239	203	204
湿纸巾 婴儿	265	200	123	144	195	168	258	257
德佑婴儿湿巾	316	300	354	289	327	135	123	150
湿巾 婴儿 手口专用	124	131	155	149	138	140	81	94
湿巾纸	54	61	65	61	66	63	63	64
总计	3172	2976	3356	3243	3136	2854	2941	2904

8.3 数据营销复盘

8.3.1 店铺数据反馈

在店铺营销过程中，我们需要对一段时间的营销状况进行复盘和总结，只有通过定期的复盘，商家才能发现实际营销过程中是否存在问题，然后根据数据反馈情况进行快速的调整。

首先，商家要通过统计每个月的销售额完成率来复盘月度销售额的完成情况（见表8-9）。通过每个月的总体完成情况，商家可以大体看出店铺这个月、这个季度发展的整体情况，如果月度销售额相比规划有较大差距的话，商家需要及时找出原因，分析是哪一个板块的数据出现了问题，是流量没达到预期，还是转化率不够，或者是客单价过低导致的。

表8-9　月度销售额完成率

2018年年度营销规划													
日期	1月	2月	3月	4月	5月	6月	7月	8月	9月	10月	11月	12月	总计
月度销售额/元	4200000	2100000	2700000	2580000	2820000	4080000	5280000	6120000	6540000	7920000	8940000	6720000	60000000
实际销售金额/元	3932067	2201259	2555006	2951248	2985763	3579592	3456380	5193541	6857534	/	/	/	33712391
实际完成率/%	93.62	104.82	94.63	114.39	105.88	87.74	65.46	84.86	104.86	/	/	/	/

分析了月度销售额之后，商家需要对店铺细分数据进行复盘，主要包括访客数、转化率、客单价等方面。如果有销售额未达到预期目标也可进一步分析，商家可以找出不足之处主要体现在什么地方，同时复盘中还需要对比上个月的各项数据，计算出各项数据的涨幅，来判断店铺每月的运作是否正常（见表8-10），数据在对比的情况下更能发现问题所在，如果店铺出现负增长，便能很直观地在数据上反映出来。

表8-10　月度数据总览

统计日期	2018年8月	2018年9月	涨幅 /%
支付金额/元	5193541	6857534	32.04
访客数/个	311965	533686	71.07
支付买家数/个	79582	114102	43.38
支付转化率 /%	25.51	21.38	-16.19
客单价/元	65.26	60.10	-7.91
支付商品件数	59368	81304	36.95

店铺整体的数据复盘结束之后，商家需要对流量进行进一步复盘，具体根据每个流量渠道的流量表现情况来进行对比。

在产品端商家需要复盘每个产品的占比情况，如果店铺产品较多，可以把产品分为三个梯队进行分析，分析每个梯队的销售额及销售额占比和月度的环比增幅。假如店铺产品较少，逐个分析每个产品或者每个链接的销售情况即可。如表 8-11 所示，纸尿裤标准装 8月份销售额为 1 946 539 元，9 月份销售额为 2 707 354 元，作为店铺的主链接产品，销售额基本上已经占到了总体的三分之一以上，所以该链接产品的销售额的变化对整体的影响非常大。从产品的每月复盘中，商家可以快速地分析出，每个链接产品的变化情况，可以明确地知道纸尿裤组合装的销售出现了下跌，而商家需要做的是找出该链接产品出现下跌的主要原因。

表 8-11　产品月度对比

产品	8月份销售额/元	销售额占比/%	9月份销售额/元	销售额占比/%	环比增幅/%
纸尿裤标准装	1946539	37.48	2707354	39.48	39.09
纸尿裤夜用装	1279689	24.64	1361220	19.85	6.37
湿巾	647635	12.47	703583	10.26	8.64
棉柔巾	492348	9.48	1053317	15.36	113.94
纸尿裤组合装	441970	8.51	367564	5.36	-16.84
纯棉柔巾	385361	7.42	664495	9.69	72.43

通过以上的复盘，商家可以对该月的团队营销情况进行总结，找出具体的问题所在，然后细分到每一个具体的板块，再根据每个板块找到具体的负责人。负责人根据问题找出合理的解决方案，接下来制定新的营销策略，以求在市场中保持良好的排名和健康的发展。

8.3.2　数据指导营销决策

我们首先通过一个案例来说明数据监控是如何指导营销决策的。如表 8-9 和表 8-10 所示，根据之前的每月数据复盘，我们可以发现 9 月份的实际销售额是规划销售额的 104.86%，相比 8 月份的实际销售额增长了 20%，访客数增长了 71.07%，客单价有所下降，比 8 月份下降了 7.91%。整体的营销结果还是很有亮点的。

客单价的下降，某种程度上是因为店铺在销售过程中为了吸引新顾客，发放了大量的优惠券。

对客单价问题的分析，我们经过讨论做出如下优化决策。

① 由于店铺的产品不多，可以开发关联的产品进行销售。

② 店铺在依靠低门槛来拉动销售额增长的同时，还需要带动关联销售，同时关联销售也需要满足低门槛，来刺激消费。

③ 在库存方面，主要的搭配产品要保证备货量的充足，避免缺货情况的发生。

在复盘流量来源的数据时，我们发现淘内免费流量的增幅非常明显，那是因为店铺在 9 月份着重对自然搜索流量进行了优化，并且在付费流量方面增加了推广费用。

流量来源方面我们针对不同渠道的情况，进行如下优化决策。

① 继续保持 9 月份良好的自然搜索流量，保持排名的稳定。

② 在付费流量端，可以尝试多种渠道进行引流，增加曝光机会。

从产品的复盘数据表 8-11 中，我们可以看出，主推款纸尿裤标准装，增幅达到了 39.09%，棉柔巾增幅为 113.94%，较为明显，而纸尿裤组合装却下降了 16.84%。

针对货品方面我们做出如下优化决策。

① 继续维持爆款的销量，同时保证其产品库存的稳定性。

② 棉柔巾的产品增加关联销售，保持销量持续的增长，增加棉柔巾品类的竞争力。

③ 根据日常销售情况，增加纸尿裤组合装的关联销售，在增加销售的同时也能带动全店客单价的提升。

在每月的复盘过程中，商家普遍能做好数据的统计，但是很少能做到针对不同问题制定可执行的营销策略，所以这在竞争当中就显得尤为重要，因此商家应该将工作任务分配到每个负责的岗位上，增加工作的效率的同时也保证了团队销售额的稳步增长。

本章小结

本章主要对数据监控的内容进行了讲解，其中包括数据监控的意义和数据监控的目的，还包括具体商家如何对自身店铺和竞争店铺进行数据监控，然后根据数据监控来制定相对应的营销决策。

本章习题

1．数据监控的目的是什么？

2．自身店铺数据监控需要监控哪些数据？

3．当产品销量降低时，店铺可以通过什么方式来应对？

第 9 章

新零售时代的营销展望

新零售概念的提出

在 2016 年 10 月的云栖大会上,在谈到对未来的展望时,马云先生提出了"五新战略",即新科技、新零售、新制造、新金融、新能源,随即在整个商业领域引起了热烈的讨论。很多商家认为这是一个新的方向,也有一些知名的企业家对"五新战略"提出了质疑,有的认为:"'五新'并不新。"也有的认为:"除了新技术我比较认同外,其他几个新,我都看不大明白。马云先生的这几种'新'是按照他的商业模式来量身定做的,他希望以后的营商环境是这样的。但对于实体经济来说,这可能不是最合适的。"

一个新概念被推崇或者被质疑都是正常的,几乎所有的理论都是来自实践的提炼和总结,然后在讨论、争辩、质疑声中不断完善,最后逐渐形成指导实践的相对完善的理论体系。

从 2016 年到 2018 年,以"新零售"为代表的五新战略已经逐渐落地,我们将选取其中涉及数据化营销方面的内容,给大家做一些简单的介绍。由于时代的变革越来越快,也许我们在撰写这些内容时认为最先进、最独特的想法,在读者看到的时候已经非常普及甚至已经被淘汰了。但是我们相信,通过数据化的分析手段,选择细分的市场人群,用"善良、正直"的方法为消费者提供物有所值的产品和服务,是营销不变的主题。

9.1　新零售的背景

9.1.1　传统经营模式的渠道冲突

一件商品,在工厂生产出来之后,基本上都是通过总代理(总公司)、区域代理(分公司),然后到达地区的商超,最终才能到达消费者手中。层层的管理机制,一方面保证了企业与一线市场的贴近,另一方面也保证了企业内部的管理效率,但随着经济的快速发展,又出现了很多新的风险和问题。

1. 窜货的风险

我国地大物博,每个地区经济发展、消费习惯都有所差异,为了更有效地针对每个地方进行销售,实现利润最大化,企业往往需要制定一些具有差异性的销售策略,这就导致同一款产品在不同的地方销售，价格是不一样的，同一款产品在不同的销售终端的销售价格也是不一样的，甚至同一款产品，从公司出货的时候，不同的部门的销售价格都会不一样，总会形成一些价格的"洼地"，这样出于利益的驱动就会导致各经销商（分公司）之间相互窜货，最终损害品牌的利益。

电商出现以后，大量的地方经销商将产品拿到网络去销售，传统的地域管理体系，受到了更大的冲击，如一台广东生产的电烤箱，可能由陕西的经销商批发给了山东的淘宝卖家，这个山东的淘宝的卖家又将产品卖给了湖南的一个消费者。在这一笔交易中，按照原有的统计体系，位于广东的工厂和陕西的经销商都获利了，而山东、湖南的传统经销商则利益受损。本来山东的淘宝商家应该从山东采购，但是由于陕西的出货价格低，有价格洼地就必然会出现资本的聚集；湖南的经销商也受到了冲击，本来应该从当地渠道销售的产品被来自山东的同品牌产品冲击了。

很多企业为了解决窜货的问题，花费了大量的成本，但是效果却不佳，痛定思痛之后他们在思考一个问题，既然"堵"不住，那么为什么要去"堵"呢？能不能优化自己的层级代理机制，从销售转向服务，从区域销售转向品类销售，从线下销售转为线上线下结合销售，而新零售在很大程度上就可以解决这些问题。

2. 网络购物的冲击

当网络购物兴起之后，品牌商经历了一个自下而上的"触网"过程。一线的经销商开始通过网络销售，一方面惊人的销售数字让品牌商感到惊喜；另一方面，突破地域限制的销售模式，让其他当地的经销商叫苦不迭。为了调和线上与线下的矛盾，很多品牌商开始做自己的网店，并推出了所谓的电商专用版产品。随着网络销售渠道的增多，又推出了渠道专用版，仔细观察一下我们就会发现，很多品牌的服饰、电器在网上的款式，实体店见不到；在不同的网络平台上，同样规格性能的空调，却有着不同的型号。这样做从直观上讲，避免了各个渠道的冲突，但是从现金流和企业管理的角度上来讲，拉长了企业的产品线，增加了资金占用和库存的风险，相应也推高了成本，这些最终还得由消费者来承担。

3. 商超业缺乏对消费者的分析

商超是最接近消费者的一线销售阵地，商超业的收益中，占比最大的并不是产品经销的差价，而是来源于供货商的佣金和诸如条码费、堆头费、活动费等名目繁多的费用。产品是否卖得好，消费者的需求是什么，哪些产品必须迅速升级等。这些本应该由商场通过数据分析进行调控的行为，有的商超却根本不在意，而所有推高的成本都由消费者来承担。当更具有价格竞争力的网络购物出现时，传统模式的商业就显得增长乏力。

小米认识到了应该多分析消费者需求这一点。在传统手机销售渠道中，渠道成本占整个手机成本的40%到50%，在保证生产厂家盈利的状态下，消费者花2000元买到的手机的生产成本只有1000元左右，商家没有做到让利于消费者。小米董事长雷军认为，公司要始终坚持做"感动人心、价格厚道"的好产品，让全球每个人都能享受高科技带来的美好生活。

要想感动人心，产品的质量和价格一定要有市场竞争力。小米的核心团队成员，来自谷歌、摩托罗拉、微软等公司，供应商包括三星、夏普、索尼等企业。高端人才、高端供应商背后一定是相对高的产品成本，商家在生产成本不能降低的情况下，就只能降低渠道成本了。

最早小米手机是通过官方网站进行产品销售的，官网销售的好处就是能够直接面对消费者，能够最大限度减少整个渠道对产品价格的推升，让利于消费者。摊销渠道成本之后，让有限的资源一部分可以留作企业的利润，另一部分可以作为满足企业持续发展的资金需求。当然这样做也有一定的弊端，产品会直接面向全国乃至全世界的消费者，意味着没有任何缓冲的渠道，大量的消费者涌入时，自己的产品也可能满足不了市场的需求。

小米的"一机难求"也经常被认为是在做饥饿营销，然而2017年底雷军在接受电视台采访时，还为此做了解释，指出并非饥饿营销，就是自身供货能力不足。

我们不能否定新零售模式的创新意义，这些模式在刚刚投入市场时也受到了资本的热捧，但是商家基于目前的技术和社会发展阶段，考量其实施的成本，提出当前最合适的解决方案的时候，不能单纯追求技术上的创新，而要从消费者端考虑，用哪些技术可以帮助消费者实现他的需求，这样的创新才更容易被市场认可。比如，红极一时的无人超市，重点放在了产品的监控结算上，但由于缺乏产品配置的基本数据支持，再加上高昂的扫码监控成本和暂时无法解决的深层次的安全问题等，人力成本没有下降而管理成本反而上升，发展受到了一定的限制。

至少在短期内，新零售首先应该是解决过程中的损耗、线上线下的冲突、地域或者行业的壁垒这些问题，然后通过积累数据、分析用户，去优化产品、优化营销的策略，以期望高效低成本地去触达用户。

在谈到营销的时候，很多商家和企业过于迷信营销的作用，喜欢研究如何"把冰卖给因纽特人"，如何"把梳子卖给和尚"，却疏于对产品、市场、用户的分析。营销应该是"术"，而不是"道"。很大程度上，营销是可以起到"锦上添花"作用的，却极少实现"雪中送炭"。因为当产品到达消费者手中后，在所有的营销手段消失之后，产品的品质、功能、舒适程度、价格感变得实实在在而且可以量化、评价。营销可以帮助产品实现价值，但营销本身不应该成为产品的价值。

9.1.2 新零售理念的定义和意义

网络平台新零售理念的定义是以大数据驱动的人货场的全面重构，如图 9-1 所示。零售业是一个古老的的行业。从街头小贩到社区小店，从全球连锁超市到互联网购物，无论什么时代，消费者都希望得到更好的产品、更好的服务、更好的体验，这一点永远不会变。线下购物与线上购物都有其先天的优点和缺点。

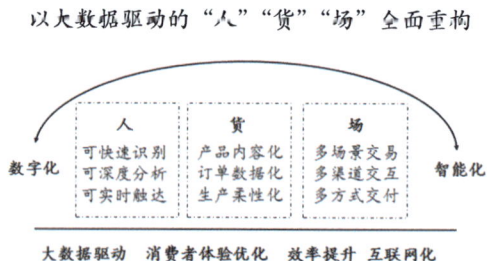

图 9-1　新零售理念的定义

1．线下购物的优点

到实体店购物时，消费者可以直接接触摸产品，可以方便体验，可以听到销售人员的细致讲解。消费者在理性决策之后进行消费，就不容易产生退换货行为。

2．线下购物的缺点

① 固定成本较高。租金、用水、用电各种成本费用较高，这些成本最终都要分摊到产

品上，由消费者来承担。

②　空间有限。由于空间限制，线下陈列的商品款式和数量是有限的，无论多么大的商场都不可能满足消费者的所有需求，在选择有限的情况下，消费者基于自身的体力情况去货比三家的选择范围也是有限的，一定程度上遏制了消费欲望。

③　售后体验差。线下购物基本是一手交钱一手交货，有限的信用卡支付，也是完全以消费者信誉为保证的，而且当产品出现问题之后，需要消费者回到商场进行退换，不仅费时费力，可能还会受到商场的某些苛刻条件的责难。

对于多年发展产生的弊端，很多人都在想方设法寻找解决的方案，但积重难返。我们知道，一个六层商场，结构划分大致是这样的：负一层多是超市或销售化妆品、金饰品、手表等相对贵重的产品，二层、三层是女装，四层是男装和家居用品，五层是儿童用品、体育用品等，六层是餐饮区和电影院。人流最多的基本都是在负一层和六层，而其他楼层的人数就比较少（见图 9-2），这是为什么呢？显然，二层到五层的消费都是纯货物型消费，很多可被网络购物所替代，而负一层超市里面销售的大多是生鲜、百货、日用品，这些产品网上也有销售，由于单品价格、需求复杂、保鲜期短、物流周期长等因素，网络购物的体验会相对差一些，消费者自然会选择商超进行购物。同样，六层的餐厅和电影院代表的是社交需求，网络购物再发达，一对恋人也不能永远隔着电话去沟通，总要一起吃饭、一起逛街、顺便看场电影，即使他们选餐厅、订座位、买电影票的行为都用手机来完成，到店体验也总是要有的。

图 9-2　商场示意图

3. 线上购物的优点

① 有更多的选择。消费者可以根据自身情况，从价格、服务、规格、款式、尺码、品牌、售后等角度进行选择。

② 较好的售后服务。网络购物平台采用的是先收货后付款的模式，消费者收到货物确认无误之后才指令放款，通过七天无理由退换货、破损包赔等服务提升了消费者的售后体验。

4. 线上购物的缺点

① 不能直接接触货物。消费者只能通过图片、视频、文字去了解产品，缺乏真实的体验，冲动消费、理解差异、判断错误容易产生退换货行为，会推高产品的成本。

② 强调爆款缺乏细分消费者的能力。网络购物强调爆款，一款产品只有卖得好，消费者反馈好，在系统通过"关键词""标签"等维度进行流量分配的时候，就会得到较多的资源倾斜，这是平台追求最大 GMV（成交总额）的战略需求导致的。爆款逻辑背后是对差异性的忽略，例如，一般认为北方冷，南方热，可实际却是南方的冬季更加湿冷难耐，"十里不同音，百里不同俗"的情况也非常普遍，因此对于商品来说，单纯的爆款逻辑是无法满足消费者个性需求的。

③ 物流速度的限制。快递物流是线上店铺与消费者之间的纽带，虽然现在签收速度越来越快，但仍然有一个等待的时间。由于快递运输过程中可能出现磕碰问题，所以需要大量的包装材料，再加上运输损坏造成的投诉和拒收，整体的运输效率会远远低于线下零售。

笔者统计了"双 11"包裹签收超过 1 亿件所用的时间：2013 年包裹签收超过 1 亿件耗时 9 天，2014 年达到 1 亿件签收量耗时 6 天，2015 年提速到 4 天，2016 年提速到 3.5 天，2017 年再次提速到 2.7 天，2018 年提速到 2.6 天。货物签收速度越来越快，但我们必须承认如果消费者想买一个苹果，再快的物流速度也赶不上从楼下水果超市买来得快，更别说还可以在楼下精挑细选。

④ 竞争导致成本高昂。电商行业蓬勃发展以来，越来越多的企业和个人参与其中，商品采购、用户维护、人员费用、仓储物流等成本都在急剧攀升。众多商家在日益关注精细化运营的同时，也需要认真考虑如何调整自己的营销策略。

综合考量，网络购物有很多优点，也有很大的局限性，加之线上竞争的日益激烈，流量的可持续增长显得乏力，商家采购流量成本也越来越高，这些因素一定程度上也削弱了电商的竞争力。因此，线上与线下不应该是矛盾的，而应该发挥各自所长，通过将线上的清晰数据与线下消费者的深度接触结合起来，扬长避短，成为为消费者服务的实体经济，在这个背景下，新零售也就应运而生了。

9.1.3　新零售的落地效果分析

盒马鲜生作为阿里巴巴投资的新零售的标杆企业，从开业之日起，就受到了整个行业的极大关注。

2018 年 9 月，在阿里巴巴投资人大会上，盒马鲜生公布了最新的业绩情况：到目前为止，盒马鲜生总共开设有 64 家门店，覆盖 14 个城市，服务消费者超过 1000 万人；经营 1.5 年以上的成熟门店，盒马鲜生的单店日销额超 80 万元，折合每平方米坪效超 5 万元；线上订单量占比达到了 60%，客单价为 75 元，线下客单价为 113 元。

在商业成功的背后，是大数据时代变革的营销行为伟大尝试的成果。在商业零售领域，一般的概念是半径 5 公里，也就是说，半径 5 公里内的日常消费是可以支撑一个商业综合体运营的。但是如果在半径 5 公里内，有多个同类型的大型商超竞争，商家该怎么办呢？再加上线上竞争呢？"肉"只有那么多，而"狼"越来越多，生意难做也是必然的。

要想解决这些问题，商家只能从几种思路上来进行思考。

第一，提供别人提供不了的产品。

第二，提供更独特的产品。

第三，提供不同的用户体验。

为什么只有盒马鲜生能够在新零售行业一枝独秀呢？背后的秘密就是数据。想与众不同难，想与众不同且能存活下来就更难，想与众不同还生意兴隆就是难上加难。有了与众不同的想法很容易，再能够通过数据去分析，通过实践去验证，才能最大限度避免经验主义的弊端。

"坪效"是考量线下实体零售的一个重要指标，单位面积产生的销售额越高，意味着商超的盈利能力就越强，现金流的状况也就越好。

企业如何提高坪效？最简单的方法就是东西贵一点，消费者在有限的时间和空间内，花钱更多一点。所谓消费升级，不仅指消费者对产品质量提出了更高的要求，也指对消费场景、消费环境都提出了更高的要求。只有更好的产品、更好的商超设计，才能更好地满足用户的体验，三者需相互契合，如图9-3所示。

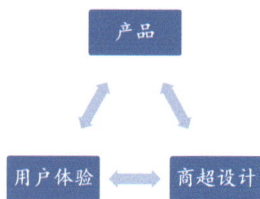

图 9-3　产品、用户体验与商超设计三者需相互契合

　　商家要想做出与众不同的线下店铺，需要先通过大数据解决"卖什么"的问题。比较大的网络销售平台经过多年的大数据积累，形成了比较清晰的用户画像，如哪些地区用户的消费能力较强，哪些地区的用户对某些产品的需求更高，哪些区域的单身人士比较多等。当某些需求足够突出的时候，市场的机会也就来了。

　　我们经过基础分析，可以发现，消费者家庭中的蔬菜肉食仍然大部分是从身边的市场采购的，餐饮是一种家家户户必备的高频消费，从食材入手，可以很容易获得更多的客流量，而这一领域又是线上销售比较薄弱的环节，非常适合从线下切入。如果要在高频消费的同时，又实现高额消费，则从海鲜类切入比较好（见图9-4）。

图 9-4　餐饮类的海鲜市场

　　海鲜类消费在大部分区域是高档消费的代名词，在内陆各地的高档酒店，如果缺了海鲜，往往就显得有点名不副实，哪怕就是百余元价位的自助餐，也要多少提供一点花甲、

冷冻虾作为自己物超所值的象征。海鲜类产品，尤其是带"壳"的海鲜，最大的困难是保质期短，在生蚝产地的上岸价格只有 2~5 元/斤，而在大部分内陆地区生蚝就要论"个"来销售，价格比较贵。

鲁迅先生在 1926 年的散文《藤野先生》里写道："北京的白菜运往浙江，便用红头绳系住菜根，倒挂在水果店头，尊为'胶菜'；福建野生着的芦荟，一到北京就请进温室，且美其名曰'龙舌兰'。"

商品由于价格贵，销量就会受到很大的限制，销量有限又会抬升单个货品的运输和保存成本。如果店铺能够保证商品批量销售、就可以实现批量采购，就能够降低成本。

在一些盒马鲜生门店开业之初，招牌的帝王蟹 699 元/只，而且开店前几日免加工费，波士顿龙虾 98 元/斤，小龙虾最为火爆，售价为 39.9 元/斤，国产鲍鱼为 26 元/4 只。海鲜价格与当地的海鲜批发市场比较接近，或者互有高低，而且这里更贴近社区、明码实价、营业时间较长、购物环境也更舒适，因此更具吸引力。

企业有了足够的销售能力，产地直采就有了实际操作的可能性，减少了中间环节，这样就会大大降低产品的采购成本和运输成本，还可以进一步提高产品质量。每天都会有来自美国、加拿大、智利、秘鲁、墨西哥、阿根廷等十几个国家和地区原产地的蔬菜、海鲜和肉类产品，通过大量的航班货柜，源源不断地以最快的速度送到盒马鲜生店内。

盒马鲜生在帝王蟹生活的阿拉斯加海域找到了一个拥有捕捞权的合作商，可以直接下订单。在那里，帝王蟹被捕捞后，用保温箱封装进行运输，按照冷链运送的标准可保存 24 小时（正不断努力将时间继续缩短）。帝王蟹到达国内后，盒马鲜生还会去检验它的存活度等情况，重新入水散养，进入销售环节。

当然，帝王蟹这些高端产品的销售量毕竟是有限的，更多的销售数据来自瓜果蔬菜、肉禽蛋奶的销售。消费者具有个性化的消费习惯，如在一个家庭里，父母可能会吃比较普通的鸡蛋，但同时也会去买一些比较贵的鸡蛋给自己的宝宝吃；有的顾客对陈醋和米醋的区别完全没有概念，对某些品牌的酱油却情有独钟。在传统零售业领域，这些顾客行为是无法在开店之初就被商家洞察的，都是依靠商家不断的经验积累，在产生了大量的库存积压后，才知道哪些产品好卖、哪些不好卖，才能形成一套自己的产品搭配策略，在这个过程中，就推升了整个店铺的经营成本，即使有个别店铺的经营者对此非常有经验，也主要依靠个人的努力和天赋，对于企业来说又具有不可复制性。

盒马鲜生有条件依托所在地区当下的人群搜索行为、产品之间的关联搭配等数据，就能提前洞察出顾客在未来的消费需求，进而做出合理的产品铺货设计。同时，结合实际生活场景，激发出更多的衍生需求，比如，很多单身人士由于居住条件和工作等原因，自己做饭的情况相对较少，因为买菜做饭对他们来说是一件有挑战性的事：如果菜买多了，吃不了，就会造成浪费；买少了，口味单一，又无法满足对美食的需求。盒马鲜生针对这样的现象提供了多种解决方案，如小份装蔬菜。

盒马鲜生"日日鲜"的绿色蔬菜为 300～350 克/包，肉类为 350～450 克/包，正好可以满足做一盘菜的需求量，如图 9-5 所示。

图 9-5　小份装蔬菜

如果消费者只想逛街，不想做饭怎么办？盒马鲜生有自己独立的加工区，可以实现"边逛边吃"的需求，用户下单购买场内的海鲜后，可以到加工柜台称重，选择加工方式，然后在现场堂食等候享用。在盒马鲜生里，共有水产区、就餐区、休闲食品区、烘焙区、肉类区、蔬果区和酒区等几个区域，其中就餐区所占面积最大。

经过前期数据调研，盒马鲜生会根据不同地区人群的口味，研发一些具有当地特色的菜品，比如，广州盒马鲜生独有的"盒马一鸽"；成都盒马鲜生的麻辣小龙虾会比杭州盒马鲜生的麻辣味道更重一些。盒马鲜生尽可能从不同角度满足用户需求，让用户一旦来到店铺内，能够实现一站式购物，多多消费。

仅仅这些仍然是不够的，随着网购的普及，"宅男宅女"越来越多，他们宁可在家里等着快递送货、外卖上门，也不乐意踏入商场半步，对于这类人群商家该如何去激活他们的购物需求呢？

盒马鲜生的负责人提了这样一个观点，如果把盒马鲜生已有资产和优势全部去掉，只允许保留一项，盒马鲜生会保留的是最快 30 分钟即时配送，可见即时配送对盒马鲜生整体发展的贡献价值。用户只要是装了盒马鲜生的 App，在盒马鲜生店铺半径三公里之内，就可以被承诺最快 30 分钟送达。

现在外卖已经比较普及，但是很多商家对外卖的业务是又爱又恨，一方面外卖真的给店铺带来了客流量，增加了销售额，另一方面他们认为外卖平台扣点高，削减了自己已经微薄的利润，做外卖业务是否赚钱，是要综合到全店的运营成本来进行分析计算的。

经营成本中简单的可以分为固定成本和变动成本。固定成本是指任何一个门店都会包括房屋租金、设备折旧、员工工资等；变动成本是指在经营过程中产生的成本，比如原料成本、服务成本等，业务量越大，变动的成本就会相应增加，业务越少，成本就会相应降低。

下面我们就来举例说明什么是变动成本。

① 人工成本。假设我们请一位厨师的薪资是 10 000 元，每月工作日按 25 天计算，那么每天的工资成本是 400 元，但是其高峰忙碌的时间一天最多也就 4 小时左右，那意味着他作为厨师的时薪是 100 元。如果能够错峰工作，通过外卖的增量，适当拉长厨师的工作时间，就可以对应降低人工成本，假设厨师每天能够工作 6 小时，由于工作量增加，哪怕另外以每小时 50 元形式再支付奖金，那么每月厨师的收入可以增加 50×2×25=2500 元，达到 12 500 元，而企业支付的时薪成本则变为（10 000+2500）/25/6=83 元。员工个人收入增加，企业的人工成本降低，实现了双赢。

② 餐具和服务成本。堂食与外卖还有一个重大的区别是，堂食是需要提供免费餐具的，而外卖的餐具有可能是顾客单独付费的。商家不要小看堂食的免费餐具，其使用后，需要相当数量的人工进行收拾整理，洗刷消毒过程还需要配备相应的设备，设备又占据相应的场地，场地是有租金成本的，将人工成本、消毒成本及场地成本叠加起来就是一笔不小的开支。

一份飞机餐值多少钱？廉价航空公司一般都不提供免费的飞机餐食，大家真的以为节省的是餐食本身的钱吗？国内经济舱餐食成本为 20~30 元，但是如果飞机不配餐食，那么飞机上就可以不需要配备加热餐食所用的烤箱和保存餐食的储藏设备，节省出来的空间，可以多放 3~6 个座位，这些座位所带来的销售收入就非常可观了；如果不配备餐食，乘务员可以由 4 人减少到 3 人，其人工成本又可以降低；不配餐食乘客在机场停留的时间可以缩短，停留时间支付的费用也可以降低，又一次节省了成本，节约的时间又意味着每天飞行的班次可以增加。通过成本降低和收益增加两个方面，可以给航空公司带来巨大的收益。美国某航空公司测算过，节省一份飞机餐给航空公司可以带来近 40 美元的综合收益。

③ 产品损耗。生鲜产品多时，过期食品就会产生非常大的损耗，如果有产品滞销，一旦过保质期便会变成垃圾、造成浪费，商家可以通过增加销售渠道，尽可能地将产品销售出去，就可以减少损耗，提高收益。

传统商业模式有一个长期痛点：用户画像不够清晰，无法有效触达用户。假设我们有一批牛奶还有一个月就到保质期限，需要尽快降价处理。传统的处理方式是将产品放在醒目的位置上，并制作大幅海报，但是来到这个位置的用户未必是喜欢牛奶的，或者常买牛奶未必喜欢这个品牌，甚至喜欢这个品牌牛奶未必能够接受临期牛奶。这批牛奶最终能卖多少，基本要凭运气了，商场里的任何一个销售位置都可谓是寸土寸金，某个单品，占了热卖的位置，就意味着减少了其他产品的销售机会。几乎每个商场的经理都要在库存滞销风险和其他产品销售降低之间进行权衡。

经过分析我们发现，能够接受临期食品是一种绝对理性的判断，有的人对保质期的要求特别高，有的人对保质期要求不高，认为只要在保质期内，都可以接受，如果价格低，就更愿意购买。找到这些顾客，并且有效地触达他们是快速产生销售的好办法。

即使没有线上 App，大部分商超也有自己的会员系统，现在看来，基本只是用来积分或者做一些会员优惠活动，其价值完全没有被发掘出来。商超通过会员的结算时间和购买记录，基本上就能了解顾客在什么时间购物，并且都购买了哪些产品，其中商家通过哪些产品是打折的，哪些产品是超低折扣的，就能判断出其价格敏感度和是否有购买临期食品的可能性。会员卡一般都是用手机注册的，如果在顾客经常购物的时间段之前发一点营销信息，就可以有效地帮助临期产品实现销售。其实不需要纠结是否需要有 App，或者手机短信被拦截的问题，因为没有任何一种推广方式是能够百分之百有效的，商家可以通过目标人群的精准性去弥补一些不足，毕竟临期产品所占比例不可能特别高。

④ 批量采购及现金流。产品销量越大意味着采购规模就越大，采购成本就会相应降低，结算周期就会相应延长，餐饮基本可以实现实时到账，而与供应商结算则是周期性结算，这之间的现金流有非常大的价值。

综上所述，是否需要接入外卖平台，外卖平台扣点多少合适，不仅取决于外卖平台，也取决于商家自身的管理能力和对上游供货商的议价能力。其实，每天的上午 10 点到 11 点 30 分，下午的 16 点到 18 点，接入外卖是核算的，因为那个时间堂食的顾客少，如果有外卖订单，哪怕利润少一点，但是卖一单还是可以赚一点的，到了吃饭的高峰期，堂食的顾客比较多，餐厨都忙得不可开交，商家就可以把外卖订餐暂停一下。

通过在有限的时间内为更多的顾客提供服务是商家降低成本的最佳方法，踏足门店的顾客人数毕竟是有限的，如果顾客不肯到店里来，那么商家就要想方设法把服务延伸到顾客家里去，如果单纯从上述成本考量，商家在非消费高峰时段和每天销售的末期进行低价销售都是非常合算的。与此同时，商家派送的距离又不能无限制地延长，因为很多人都有苦等外卖的不愉快经历，因此只有足够大的半径才能尽可能地覆盖较多的消费者，只有足够小的半径才能给消费者提供更优质的服务。均衡了上述因素之后，盒马鲜生将配送的半径控制在了 3 公里。

盒马鲜生的物流配送内容主要分生鲜外卖和快消品外卖两类，以生鲜外卖为例，盒马鲜生施行的是即时配送的 B2C 外卖模式，因为从门店到顾客是以 3 公里为半径的近场景配送，所以时效和成本在分配可控范围内。

在就餐的高峰时段，门店和仓配同时处在作业的高峰期，这个时候主要配送生鲜外卖。而下午 3 点前后的闲暇时间，就是快消品订单配送的高峰期，错开餐饮时段派送高峰期，可以使工作量更均衡。

不过，从设计之初，盒马鲜生门店就是仓储式货架和库存设计，即盒马鲜生门店商品的货位和库存都是可以实时回传调度的。由于在商品层面，盒马鲜生实现了全数字化运营，可以实现系统对所有商品的实时追踪，包括库存在空间上的分布，比如，某商品前台货架上有 30 个，在后仓可能有 60 个，还有 10 个在外品库，这些在系统中都可以实时可见，这样外品库的商品就不至于损耗或浪费，可以做到销售与补货同时进行，利用的工具便是快速滑轨（见图 9-6）。

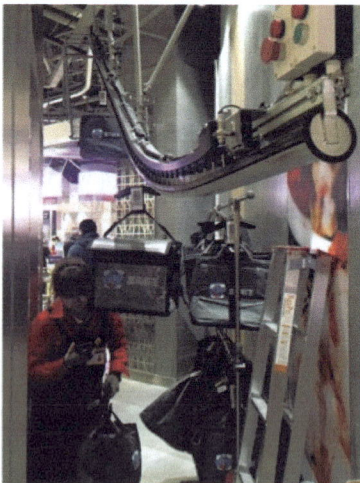

图 9-6　盒马鲜生卖场上方的快速滑轨

对于美食外卖来说，曾经有顾客抱怨，同样的订单，商家优先处理外卖订单，而后处理店铺订单。从商业角度上揣测，我们就非常容易理解商家的行为，外卖顾客往往是有饥饿感之后才会下订单，在等订单的时候，他会无比的焦灼，虽然自己下单很晚，但是仍然希望外卖瞬间就到达自己的眼前，如果有了延迟，他的订单可能就会取消，也有可能在下一次选择的时候，考虑其他商家。对于店铺的顾客来说，既然已经跑到了店铺里，已经付款购买，便不会轻易离开，尽管不情愿，但是等一会儿还是能接受的，等待的时间逛一下，有可能再产生新的消费，如果服务再好一点，估计也不会影响体验感受。

这与火锅店里的服务员帮你下单是一个道理，在去一些知名的火锅店时，经常会发现，店员会主动过来帮你下单各种食材，这种操作并不仅仅是为了提升客户体验，更深层次的原因是，希望客人尽快能够吃完，好让门口排号的客人早点就餐，提升店面的翻台率。

盒马鲜生作为一个案例，进行分享新零售成功经验的同时，我们也需要冷静地思考，在追求规模与品质把控之间，企业应该怎样进行取舍呢？管理的瓶颈、人性的弱点、技术的局限和思维的狭隘随时都有可能给某一个成功的企业抹上阴影。但是我们相信，他山之石可以攻玉，新零售业发展的成功绝不仅是一个品牌的成功，它应该还具有可学习性，可复制性和可预测性，是数字时代的一种全新的探索。

9.2　突破传统营销模式的局限性

9.2.1　传统营销模式的局限性

如果仅以最贴近消费者的终端零售，来分析线下营销模式，那么营销切入点就显得非常重要，而在诸多的切入点中，门店的地理位置又是重中之重，拥有好位置的门店，先天就具有较高的客流量，同时也会产生相对较高的租金成本。另外，在产品的供给上，由于地域的限制，也形成了生产商和渠道商之间相对稳定的合作关系。

在物资相对匮乏、购物渠道不多的情况下，产生购物需求的时候，消费者要考虑的是去哪里买。因为有限的产品限制了消费者的选择，在有限的范围之内，消费者只能不断地去寻找替代品。商家在有限的产品中进行低层次竞争时，消费者的需求就会被忽视，这时深度挖掘消费者需求也是没有意义的。商超等零售终端会把焦点放在供应商身上，这也就是商超会收取供应商名目繁多的费用的原因，而供应商为了摊薄每个商场的进场成本，也千方百计地往商场里面塞更多的产品，导致商超里面摆放了大量的商品。供应商选择商品时不会考虑消费者是否喜欢，再加上这些商品没有实质上的可替代品，这意味着消费者是没有真正选择权的。一旦网络购物赋予消费者更多选择权的时候，传统商业零售的困境也就迅速出现了。

前文我们说过，商场想要获取消费者的信息是非常难的。每天商场里面人来人往，他们有多少人是为产品而来，有多少人只是来逛一逛，多少人购买是为了自己使用，多少人是为了馈赠，商家都是不清楚的。如果没有一个清晰的用户画像，商家想满足顾客所有的需求，就意味着商家要把资金链拉得无限的长、意味着更多的仓储空间、意味着更强的管理能力、意味着更高的成本、意味着更大的挑战。

9.2.2　新零售中的线下体验与线上融合

在新零售时代，聪明的经营者会结合新的技术，充分发挥线上线下的优势，帮助店铺获得更好的发展。

（1）注重让用户体验产品

护肤品行业的竞争比较激烈，由于消费者多是非专业人士，再加上使用频率、使用方法等方面的局限性，使产品的优势未必能够完全地发挥出来。

某品牌护肤品从线上会员中找到 1000 个顾客，想尽办法让他们到线下门店去体验，最终有 200 人去门店做了体验。结果发现，这些去过门店的人再回到线上购买时，客单价增加了一倍。一个习惯线上购物的人，如果通过线下门店对产品有了深刻体验，就会放心大胆地购买线上的产品，这样可以实现顾客、品牌和平台的三方共赢（见图 9-7）。

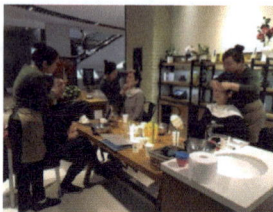

图 9-7　护肤品的导购让客户体验产品

（2）店面导购从销售型向咨询型过渡

店面导购从过去的"等客上门"到后来的"引客成交"，同时在网络平台上开通直播。某位导购做直播，一个小时的销售量相当于她原来一个月的业绩。直播是典型的线上营销的方式，电商平台的观众具有强烈的消费意愿，较容易将关注度变为消费行为。对于护肤品这类产品来说，很多优势、特点是需要消费者花时间去了解的，普通的网店详情页是很难满足这样的需求的。销售护肤品的店员，本身具有丰富的销售经验，再加上普通人的出镜状态，让顾客容易有代入感，容易产生信任感。

（3）增加店铺粉丝数

线下导购引导进店的消费者用手机淘宝 App 扫导购的钉钉二维码，从而使其成为林清轩品牌的粉丝，同时使导购与消费者之间形成绑定关系。通过这种模式，林清轩 400 家线下门店每天平均增加 8720 名粉丝（过去日均增加 1220 名粉丝），较之前增长了近 7 倍，两周便增加了 16.8 万名粉丝。

同比 2016 年和 2017 年"双 11"期间的数据，林清轩 10 家智慧门店平均新增用户 340%，老顾客回购率增长了 115%，客单价增长了 53%，销售额增长了 330%，更是创下了 16 天新增 80 万名粉丝（最多一天带来 10 万名粉丝）的历史记录。林清轩从 2013 年开设天猫旗舰店以来，用 4 年的时间累积了 41.3 万名粉丝，现在仅用了新零售的一个策略，增长的粉丝数量比过去 4 年积累的还多一倍。

到了 2017 年的"双 12"，共有 200 多家门店参与了智慧门店的项目，当天销售额超过 1280 万元，业绩增长了近 3 倍。而到了 2018 年的"双 11"，仅用 65 分钟的时间便达到了 2017 年"双 11"的成交总额，总成交额达到了 5650 万元，线上业绩增长了近 3 倍，线下业绩增长了近 2 倍。

受益于新零售策略，林清轩 2018 年的线上业绩，1 月份比去年同期增长了近 5 倍，2 月份增长了近 2.7 倍。

9.2.3 新零售中的品牌用户绑定

1. 智慧门店帮助店铺进行用户信息收集

通过品牌名称和会员号商家可以方便地收集品牌粉丝和线下门店的用户信息。

图 9-8　奥康品牌号

图 9-9　品牌号指引的附近奥康鞋门店

我们在手机淘宝中输入"@+品牌名"（见图 9-8），如"@奥康"进入的界面就是品牌的主页，在主页的右下角会有附近门店的提示，点击进入后，系统会根据手机位置定位信息，提供给你就近的品牌门店信息（见图 9-9）。

顾客点开任意一个门店地址，就会看到店铺的地址、客服、优惠券等信息，如果不知道如何到达，点击导航按钮还能够启动导航软件。

2．用"手淘+钉钉"建立新的营销模式

以前导购大多是通过微信与顾客沟通，由于微信本身的相对私密性，消费者在加导购微信好友时本身就有顾虑，而且微信端缺乏交易平台，只能起到信息传达的作用。"手淘+钉钉"的模式就不同，商家可以直接让消费者用手机淘宝 App 扫导购的钉钉二维码，而导购端完全不接触用户的隐私信息。商家可以通过钉钉 App 将信息传递到客户手机淘宝 App 上，顾客在手机淘宝 App 上接收、回复消息，有需要的产品也可以直接通过门店或网上店铺进行交易（见图 9-10）。

图 9-10　客户用手机淘宝 App 扫导购的钉钉二维码

当导购离职时，导购绑定的钉钉账号中的顾客会自动被释放成店铺中的"散客"，由品牌方重新为其安排客服跟进，如果商家需要给客户打电话时，也可以直接通过钉钉的网络电话与客户沟通。这样便充分维护了品牌方的利益，避免了由于导购离职而导致客户流失的问题（见图 9-11）。

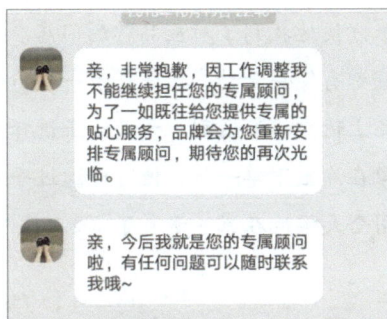

图 9-11　两个导购工作交接不会影响客户与品牌的联系

9.3　新零售时代的全域营销思维

9.3.1　新技术助力用户分析

在下面的案例里，我们将看到基于新技术的广泛应用，在新零售时代产生的全域营销思维。

小王希望装修自己的新房，作为一个忙碌的上班族，他实在没有那么多时间去实体店挨个了解家装产品，所以通过网络获取家装产品价格、性能、销量、用户评价等信息就成了他最好的选择。

小王的搜索、浏览、咨询、加购物车、领优惠券等动作都会被网络系统记录分析。系统还会将他与其他类似的用户进行对比分析，判断出用户关注哪些品牌、接受哪种价位、喜好哪些颜色、需要哪些规格，最终选择适当的营销方案。

到了周五，小王坐着公交车回家的路上，正在看一些短视频打发时间，在片头的广告上就出现了某家居卖场的广告，其中促销的几个品牌正是小王平时关注的。

于是小王趁休息日来到了距离新房不远的家居卖场（广告投放时会结合用户地理位置）。他一方面是想亲眼看看自己关注的品牌产品，实地了解一下产品的品质和感觉；另一方面也是想与网络店铺上的商品比比价，看哪边价格更优惠。

当他一进入店内，就收到了商场推送的信息：王先生，欢迎光临！您所关注的品牌分别在××楼××层（用户识别技术包括账号识别、面部识别等）。

按照商场的导航，小王很方便地找到了对应品牌的门店。当他与店员沟通洽谈之后，发现虽然线上店铺和线下店铺都有促销活动，但还是有一些价格差异的，整体看来，价格不是差很多，只是在不同产品上优惠略有区别，于是小王选择购买自己喜欢的产品。订购付款之后，导购告诉他，就像在淘宝下单一下，他可以通过手机端跟踪自己的订单，了解各个物流的情况，这样就不用全天候地在家等送货了。

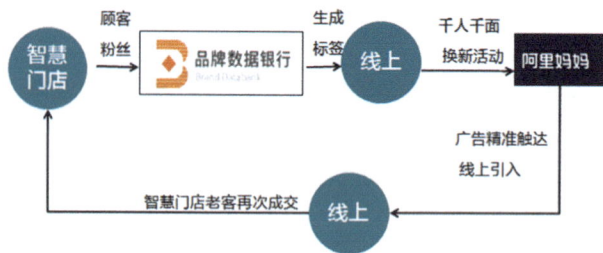

图 9-12　品牌数据银行流程示意图

为了更好地助力品牌营销，阿里巴巴推出了"品牌数据银行"产品（见图 9-12）。在这个循环图中，顾客可以任意选择一个起点。比如我们选择"智慧门店"为起点，顾客通过扫描品牌号等方式成为店铺粉丝，其数据将通过品牌数据银行与淘宝的底层数据进行对接，这个顾客自身在淘宝平台的消费行为将被系统深度分析，并且与其他消费者进行对比，然后总结形成个性标签。

当店铺需要搞换新等活动时，就可以根据"千人千面"个性化的特征，对用户进行针对性的广告投放，投放的平台不只限于淘宝平台本身，有的也可能是顾客在看新闻时的广告推送。顾客所看到的内容是根据其个性特征制作的，有的收到的可能是打折信息，有的收到的可能是赠送免费停车券，商家通过线上吸引让顾客到网店或者实体店去消费，形成了一个完整的闭环。

原来商家苦恼千篇一律的广告无法满足个性十足的消费者的需求，而通过数据银行的细分标签，可以充分地把不同时间、不同地点、不同消费习惯、不同优惠偏好的消费者聚拢起来，通过阿里妈妈这个全域的广告投放工具，针对不同顾客、在不同时段、不同场景下推送不同的内容，实现更加精准的营销，然后再根据数据反馈进行不断的优化。商家对于投产比较高的优质标签，还可以按照标签的画像特征去寻找新的用户，不断补充新的流量进来，形成一个更大、更完整的闭环。

9.3.2　新技术助力商家营销转型

在前面的案例中，我们看到传统的线下门店在新零售时代为提升自身销售额所做出的努力。

第一，不断地开新门店。

为了解决店铺人流量少的难题，商家会不断贴近社区、贴近用户去开设新店，自身店铺的品牌、渠道往往具有最强的支撑力，但是开店是重资产配置，投资大、周期长、见效慢。

日常的消费中，会有四种常见的消费形态，这四种消费形态之间的界限不是很明确，经常会出现穿插的情况（见图 9-13）。

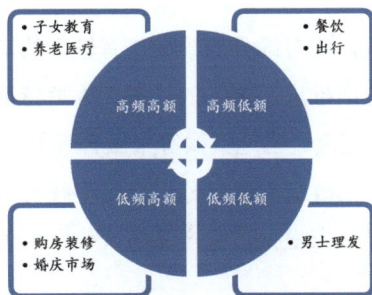

- 子女教育
- 养老医疗
- 餐饮
- 出行

高频高额　高频低额

低频高额　低频低额

- 购房装修
- 婚庆市场
- 男士理发

图 9-13　消费的四种形态

第二，商家尽可能地引入更多的流量，通过流量的提升来弥补转化的不足。

购房装修市场消费属于比较稳定的低频高额消费，与之对应的餐饮则是相对的高频低额消费，然而双方能够形成互补。比较著名的例子是宜家在家居门店提供瑞典美食，大家走进宜家卖场的时候，在第一层就有瑞典的美食销售，在商场的楼上，还有一个面积较大的餐厅，出售很多瑞典风味的美食（见图 9-14）。

图 9-14　宜家餐厅赫赫有名的瑞典肉丸

商家通过增加消费者在餐饮方面的体验，帮助家居卖场吸引更多的人气，影响消费者心理、培育自己的潜在市场。 如果大家关注一下现在的大型商业综合体，会发现商家都越来越注重用户的体验型消费，影院、餐饮都是常见的配置。我们从中可以看到，综合利用流量也是商家在考虑的问题。

第三，深度挖掘和服务好周边的潜在客户。

从某种意义上说，并不是用户变少了，而是商家都在用同样的手段为同样的人群提供无差别的服务。而从电商角度来看，十几年来，也走了两条线：一条线是流量型，依托电商平台流量的崛起，借势前行，当流量出现一定程度枯竭的时候，又积极研究直通车、钻展、等领先技术，由此获得较好的收益；另一条线是用户型，早些年的裂帛、韩都衣舍，近些年的三只松鼠等，都是通过对用户数据的细致分析，切入一个细分的用户体验领域，从而实现了自身的超越。

基于我国巨大的人口基数，相对细分的领域也有较大的市场空间。商家在店铺直通车推广中，已经很少有人再做全国推广，更多的是根据人群特征进行具体城市的推广，在发货环节更可以结合物流成本、速度、当地气候等来做合理的地域限购。

线下门店经过数字化技术的改造，通过分析一定半径内的用户数据，可以计算出周围的用户有多少产品需求，这样商家根据自身产品的价位、运营的特点、用户的喜好，便可以高效地进行用户触达。

2019 年 1 月 11 日，阿里巴巴发布了商业操作系统，阿里巴巴集团 CEO 张勇明确提出，阿里巴巴商业操作系统将帮助企业完成"品牌、商品、销售、营销、渠道、制造、服务、金融、物流供应链、组织、信息技术"11 大商业要素的在线化和数字化。

在可以预见的未来，商家希望用户来到店铺的时候，店铺可以通过技术手段自动识别用户。一旦用户被允许快速识别，那么他的喜好、近期购买的产品特征，就会形成数据传输到店面系统中，这样方便店员给用户提供针对性的服务。围绕着消费者所有的需求，商家都可以通过技术手段去实现、去提高效率。顾客想买的产品买不到，没关系，商家可以将线上线下渠道打通，通过很远的门店或者仓库进行发货；顾客想买产品，但是钱不够，商家会根据支付宝信用情况提供一定比例的金融服务；顾客经常看某个产品，却都迟迟不肯下单，系统会帮助企业分析原因，提出修改意见。这一切只是对未来系统的一个最初级、最粗浅的应用，未来还有更多无限想象的空间等着我们去开发、去实践。

9.3.3　基于数据技术的营销思路

卖场通过技术改造，单纯的经验型卖场设计将被数据分析型所替代。

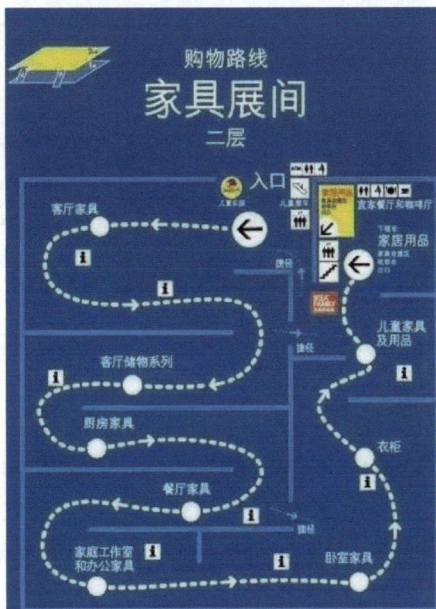

图 9-15　家具商场的消费者动线设计图

在没有数据分析能力的时代，零售行业常见的消费者动线设计方案，如图 9-15 所示，商家通过设计各种行走曲线，让消费者在店内尽可能多停留，停留时间越长，产品被展示的就越多，成交的概率也就越大。在消费者一定需要去超市逛的时候，这样的"动线"设计或许有一定的合理性，但是如果消费者厌倦了购物绕来绕去，而选择其他的购物方式时，"动线"也就毫无意义了。

来自日本的"茑屋书店"，在全世界实体书店开始衰落的背景下异军突起，开业一年多就被评为世界二十大最美书店之一。目前已经有 1400 多家分店，其在东京的门店，每月营业额达上亿日元（相当于 600 多万元人民币）。他们是如何提升消费者的客单价的呢？

传统书店的产品陈列是按照类别来的，历史类、文学类、科教类，书籍被人为地进行定性，而茑屋书店将相关的书籍和产品摆放在一起。例如，意大利食物菜谱的展示台上，书中介绍的意面、酱料等食材就在书的旁边，顾客可以和书籍一起购买；讲航空飞行知识的展台上，也会摆放着多个飞机、飞船的模型；烘焙类书籍会与小烤箱放在一起，如图 9-16 所示。

图 9-16　茑屋书店中烘焙类书籍与小烤箱放在一起

茑屋书店的做法，是比较容易学习的，在淘宝店铺中，商家可以根据生意参谋的数据分析出产品的关联性，通过关联营销和客服推荐的方式进行产品营销设计。另外，在线下商家通过收银台账单明细，这些信息也是可以分析出来的。商家可依托现代技术，将零售业"啤酒+尿布"的经典理论进一步升级。下面我们通过一些举例来加深理解。

① 某件衣服，如果被用户试过很多次，但是成交量却很低，这能说明什么问题呢？

今年最流行款式的衣服在本地店铺被用户多次试穿，但是成交量却远远低于其他地区的门店，这背后的原因是什么呢？影响服饰类产品成交量最常见的几个要素是：款式、价格、面料、版型、尺码等。在线下门店中，消费者是非常容易看到款式、了解价格、触碰面料的，然后才会进行试穿。如果试穿后成交比例较低，则有可能是这款衣服的版型或者尺码与当地消费者身材不匹配。如果商家此时与其他地区门店数据做对比，就很容易找出优化的方向，看是否需要调整产品版型，或者是寻找替代品。

② 用户在店铺中的停留时间与店铺销售量之间的关系究竟是什么呢？

服饰类店铺往往会将最时尚、最潮流的衣服优先选择放在门口、橱窗用模特展示，让顾客一眼就能够看到，吸引顾客进店；而生鲜日化类，则往往愿意将最优惠的产品放在商超最里面，从而增加店铺的访问深度。这些是商家多年积累的经验，而具体到某款产品是不是起到了引流的作用，是否能给店铺增加客流量，则通过人群流量热力图就可以帮助我们进行对比分析。视频跟踪技术及店内人流量热力图技术的应用，已经从治安、反恐领域逐渐向商业领域扩展，通过视频跟踪，我们可以看到用户在哪些产品位置上停留时间长，试穿（拿样、比较）等行为多（见图 9-17）。

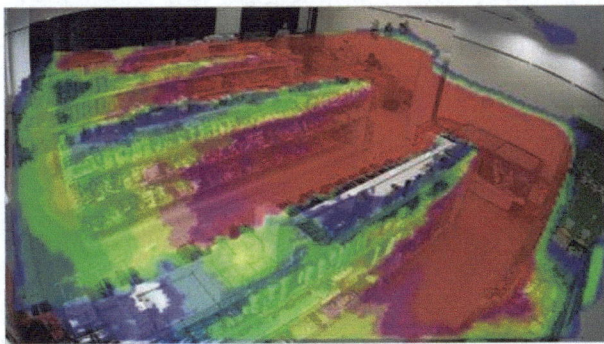

图 9-17　店铺人流量热力图（红色代表人流量大，绿色代表人流量小）

③ 最近某品牌饼干，销量在稳定增长，这说明了什么问题呢？

在流量稳定的情况下，店铺促销活动、广告宣传、店员推荐、摆放位置都能够促使产品销量提升。当我们发现顾客在饼干区有较长时间停留后，最终选择了某品牌饼干，可以认为顾客是在深思熟虑后做出的选择，是理性判断的结果，意味着这款产品具有给店铺吸引流量的潜质，可以进一步优化它的促销活动；如果是用户在饼干区停留时间很短，马上选择了某品牌饼干，那么说明用户对产品有较深刻的认知，那么商家就可以适当调整其周边的产品，再结合收银台的销售记录，看这款产品是否能带动其他产品的销售。

9.4　未来

在可以预见的未来，前面提到的关于马云先生提出的"五新"绝对不会是单独的个体，而是融为一体的经济要素。

在此我们为"新零售、新制造、新技术、新金融、新能源"下一个定义，也许，今天的定义，在不久的将来会有局限性，但基于目前的经验和对未来的预估，我们尽可能地提出具有前瞻性的理念。

新零售：以大数据驱动的人、货、场的重构。

新制造：用新的制造方式生产新的产品、提供新的服务。

新技术：非单一技术而是多项技术的同时爆发，技术之间的融合引起多个产业间的化学反应，从而驱动未来世界的到来。

新金融：有了技术和数据，以个人信用为基石，便可以降低金融的服务成本，提升金融服务效率，使社会群体能够平等地享受金融服务，并且与日常生产生活紧密结合，促使更多消费者能够改善生活、所有企业在未来发展中能够享有平等的机会。

新能源：在新技术和互联网的支撑下，人与自然和社会活动之间所有活动及其相互关系可进行数字化描述，人、事、物都可以用数据来描述。

这些新事物正在改变着我们的生活，下面让我们通过实例来了解一下。

如果大数据与新技术结合，会发生什么改变呢？比如，某地采用了阿里巴巴提供的交通解决方案，通过视频监控、大数据分析，使交通拥堵指数下降了 25%。另外，我们可以通过高德地图等导航软件，时时查看道路交通情况，甚至可以在导航软件的帮助下得知出行的最佳路线和时间。

如果大数据与新金融结合，会发生什么改变呢？比如，个人的财力和信誉，不再以资产作为衡量标准，而是个人信用，现在如果你达到芝麻信用的要求不仅可以免押金住酒店，甚至可以办理签证。目前，申请加拿大签证时，芝麻信用分超过 750 分的人就不需要开具银行存款证明，通过支付宝 App 就可以直接申请签证了。

在过去，银行的存款、土地的证明是财富的象征，在未来，个人的信用、企业的信用才是在商业中立足的保证。

可量化的数据、可触达的用户，是技术给我们带来的便利。与传统行业相比，"电商人"对数据更敏感，也更懂得如何根据数据变化调整应对策略。在竞争日益激烈，技术变革日新月异的时代，如果企业盈利模式超过 5 年还没有发生变化，就要深刻思考一下是否自身有潜在的危机，"当今世界唯一不变的就是变化本身"。企业如果能够充分利用数据优势，做好全面的顾客营销规划，就能更上一层楼。

本章小结

　　本章简单地介绍了新零售的背景和当今最常见的新零售实例。在本书出版的时候，这些内容是先进的，但是在 10 年之后呢？你再阅读这些内容的时候会不会感觉它是落后的呢？社会就是这样在不断进步，但无论怎么变，我们相信通过数据分析能够帮助商家优选产品、细分用户，并提出改善的建议。未来我们要用数据打破线上线下的壁垒，将产品成本优化、运输模式优化、营销效果优化、用户体验优化，最终实现多方共赢的结果。

　　这是我们对新零售时代的期望，也是对数字化营销发展的期望。